Lektürehilfen

Thomas Mann

Mario und der Zauberer / Tonio Kröger

von Elisabeth Kaltenbach

Klett Lerntraining

Elisabeth Kaltenbach, Gymnasiallehrerin für Deutsch und Englisch, Studiendirektorin an einem Weiterbildungskolleg in Düsseldorf.

Die Textzitate folgen der Ausgabe: Thomas Mann: *Tonio Kröger / Mario und der Zauberer.* Frankfurt am Main, Fischer Taschenbuch Verlag, 44. Auflage 2008.

9 783129 230596

Bibliografische Information der Deutschen Bibliothek
Die Deutsche Bibliothek verzeichnet diese Publikation in der Deutschen Nationalbibliografie; detaillierte bibliografische Daten sind im Internet über http://dnb.ddb.de abrufbar

Auflage 4. 3. 2. 1. | 2013 2012 2011 2010
Die letzten Zahlen bezeichnen jeweils die Auflage und das Jahr des Druckes.

Dieses Werk folgt der reformierten Rechtschreibung und Zeichensetzung. Ausnahmen bilden Texte, bei denen künstlerische, philologische oder lizenzrechtliche Gründe einer Änderung entgegenstehen.

Redaktion: Günter Maier
Umschlagfoto: Corbis (Hulton-Deutsch Collection), Düsseldorf
Satz: GreenTomato GmbH
Druck: Beltz Druckpartner GmbH & Co. KG, Hemsbach
Printed in Germany
ISBN: 978-3-12-923059-6

Inhalt

Autor und Werk

"Thou com'st in such a questionable shape"
William Shakespeare, Hamlet, I, 4

„Du kommst in so fragwürdiger Gestalt" – Thomas Manns Lebens-Kunst

Thomas Mann – ein „Monument"

Würde Deutschland – nach hinlänglich bekannten medialen Vorbildern – den „Superstar" seiner Literaturgeschichte suchen, so käme Thomas Mann sicherlich in die Endausscheidung. Acht Romane, über dreißig Erzählungen, ein Theaterstück, zahllose Essays, autobiografische Schriften, Reden, Vorträge, Zehntausende von Briefen, dazu der Nobelpreis für Literatur und zahlreiche weitere Auszeichnungen: Der reine Umfang dieses Werkes und seiner Würdigungen hat aus dem Autor das gemacht, was der Literaturkritiker Marcel Reich-Ranicki einmal nicht ohne Bedauern ein „Monument" genannt hat.

Großes Interesse der Nachwelt am Leben von Thomas Mann

Dazu kommt, vor allem auch nach der seit 1975, zwanzig Jahre nach seinem Tod, sukzessive erfolgten Veröffentlichung seiner Tagebücher, ein ungebrochenes Interesse an Thomas Manns Lebensgeschichte, von der man den Eindruck hat, sie würde in ihren Entwicklungen und Verwerfungen, in ihren Kontrasten und Ungereimtheiten gleich für mehrere Leben reichen. Kind aus großbürgerlich-etabliertem Elternhaus, schlechter Schüler, kurzfristiger Versicherungsbankvolontär, Student und Bohemien, Ehemann und Vater von sechs Kindern, latenter und lebenslang sorgfältig verborgener Homosexueller, Monarchist und „Unpolitischer", Republikaner, Nobelpreisträger, Exilant, Nazi-Gegner, Rückkehrer, Goethe-Preisträger, Ehrenbürger von Weimar und Lübeck: In zahlreichen Biografien ist dieses Leben durchleuchtet und mit unterschiedlich großer Distanz dargelegt worden.

Der Roman – näher an der Wahrheit als die Autobiografie?

Und doch hält sich der Eindruck, man begegne dem Leben Thomas Manns, der nie eine wirkliche Autobiografie verfasst hat, am ehesten in seinem literarischen Werk – entsprechend einem Satz des französischen Schriftstellers André Gide aus dessen Autobiografie, deren radikale Offenheit (vor allem im Hinblick auf seine Homosexualität) Thomas Mann gleichzeitig bewunderte und ablehnte: „Wäre es denkbar, daß man im *Roman* der Wahrheit näherzukommen vermöchte, als in der Autobiographie?“ (zitiert nach: Hermann Kurzke: *Thomas Mann*, 387).

Thomas Manns Leben – ein Kunstwerk

Der Eindruck, Thomas Mann habe sein Leben in gewisser Weise seinem Werk untergeordnet, wird übrigens nicht zuletzt durch den Autor selbst bestärkt. In zahllosen Selbstäußerungen hat dieser immer wieder zu seinen Werken Stellung bezogen und deren enge Verknüpfungen mit seinem Leben, seinen jeweiligen Erfahrungen aufgezeigt, so die Grenzen zwischen Kunst und Leben verwischend. Nicht von ungefähr lautet der Untertitel von Hermann Kurzkes oben genannter, lesenswerter Thomas-Mann-Biografie *Das Leben als Kunstwerk*. Heinrich Breloer nannte seine Verfilmung des Lebens von Thomas Mann und seiner Familie im Jahre 2001 *Die Manns. Ein Jahrhundertroman.*

Zahlreiche Äußerungen Thomas Manns zu seinem Werk

Thomas Mann war ein exzessiver ‚Selbstäußerer‘. In zahlreichen Veröffentlichungen (auch in solchen, in denen es vordergründig um andere Persönlichkeiten geht) machte er sein schriftstellerisches Tun und sein Werk zum Mittelpunkt seiner Betrachtungen. Nicht selten ergaben sich dabei auch Widersprüche, Brüche, so zum Beispiel in seiner eigenen Einschätzung der Novelle *Mario und der Zauberer* (S. 65 ff.). Für den Autor waren es wohl – ganz im Sinne des von ihm öfter benutzten, oben zitierten *Hamlet*-Wortes – notwendige Uneindeutigkeiten, Fragehaltungen, die das Verhältnis eines kritischen Künstlertums zu sich selbst kennzeichnen sollten.

Problematisches Verhältnis zur Institution Schule

Thomas Mann war ein schlechter Schüler, der die Schule nach eigenem Bekunden verabscheute: „Ich verachtete sie als Milieu, kritisierte die Manieren ihrer Machthaber und befand mich früh in einer Art literarischer Opposition gegen ihren Geist, ihre Disziplin, ihre Abrichtungsmethoden“ (Thomas Mann: „Lebensabriß“. In: *Über mich selbst. Autobiographische Schriften*, 101). Im Fach Deutsch kam er über ein „befriedigend“ nicht hinaus. Trotzdem, oder gerade deshalb, unternahm er erste schriftstellerische Versuche, Gedichte und kurze Dramen, die ihm bei seinen Lehrern und Mitschülern aber weniger Respekt als vielmehr Spott einbrachten (reflektiert – Stichwort Lebens-Kunst – in der Erzählung *Tonio Kröger*). Einen Brief an das Mann'sche Kindermädchen unterschrieb er, ungebrochen selbstbewusst, als Vierzehnjähriger mit „Th. Mann, Lyrisch-dramatischer Dichter“. Noch viel später, als arrivierter und bereits mit dem Nobelpreis ausgezeichneter Schriftsteller, blieb Thomas Mann unversöhnlich: Anlässlich einer Rundfrage in der Zeitschrift „Schule und Elternhaus“ im Jahre 1930 antwortete er u.a. auf die Frage, ob die Schulzeit für ihn eine Zeit der Freude gewesen sei oder er ungern daran zurückdenke: „Die Schulzeit war die Kinderzeit, und also bot sie auch viel Raum für Freude. Aber die Schule war ohne Verdienst daran“ (*Über mich selbst. Autobiographische Schriften*, 171).

Thomas Manns Werke – ein fester Bestandteil der Schullektüre

So ist es nicht ohne Witz, dass gerade Thomas Manns Werke zum festen Lektürekanon in den Schulen gehören – eine Entwicklung, die der Autor selbst schon 1912 (bewusst? gewollt?) künstlerisch ironisierte, indem er in seiner berühmten Novelle *Der Tod in Venedig* über die Hauptfigur, den Schriftsteller Gustav von Aschenbach, schreibt, „daß die Schulbehörde ausgewählte Seiten von ihm in die vorgeschriebenen Schul-Lesebücher übernahm“. Neben dieser Novelle und Thomas Manns epochalem Roman *Buddenbrooks* gehören wohl vor allem die in dieser Lektürehilfe behandelten Erzählungen *Tonio Kröger* und *Mario und der Zauberer* zu jenem schulischen Lektürekanon. Trotz der einen oder anderen thematischen Ähnlichkeit sind die Unterschiede zwischen ihnen doch größer und sie geben somit einen hinlänglich repräsentativen Einblick in verschiedene Lebens- und Werkphasen Thomas Manns.

Tonio Kröger – das frühe Meisterwerk

Da ist das fast einhellig gefeierte, auch vom Autor selbst fast wehmütig-sentimental geliebte frühe Meisterwerk *Tonio Kröger*, eine „Jahrhunderterzählung“, wie Marcel

Reich-Ranicki es nannte, schon 1903, knapp nach dem Riesenerfolg des Romans *Buddenbrooks*, erschienen – von vielen als die wohl beeindruckendste künstlerische Gestaltung von Thomas Manns Lebensthema, dem Künstlertum in seinen vielfältigen Beziehungen, betrachtet.

Mario und der Zauberer – politischer literarischer Text

Dem gegenüber steht die in ihrer Bedeutung unterschiedlich bewertete, 1930 erschienene Erzählung *Mario und der Zauberer*, der erste explizit politische literarische Text Thomas Manns, der sich – gerade frisch mit dem Nobelpreis ausgezeichnet – auf dem vielzitierten Höhepunkt seines Ruhms befand und mit diesem Text nicht nur Auswüchse des italienischen Faschismus reflektierte, sondern auch ein nahezu prophetisch anmutendes Bild einer dämonischen Führerfigur bot, wie sie Deutschland nur zu bald erleben sollte.

Insbesondere *Tonio Kröger* ist in nicht mehr zu überschauendem Maße analysiert und interpretiert worden. Diese Lektürehilfe spricht nur grundlegende inhaltlich-thematische wie formale Aspekte an. In ähnlicher Vorgehensweise, jedoch ausführlicher in der Ausführung wird der Schwerpunkt auf die Betrachtung der Novelle *Mario und der Zauberer* gelegt, deren Deutungsgeschichte eine bewegtere ist. Das Ziel ist, nicht nur im eigentlichen Sinn bei der Lektüre zu helfen, sondern auch Möglichkeiten des Weiter-Deutens zu öffnen, die über die biografischen, gesellschaftlichen oder historischen Bezugsrahmen der beiden Erzählungen hinausreichen. So sind Themen wie zum Beispiel Schwierigkeiten der Adoleszenz, Außenseitertum, Identitätsproblematik (*Tonio Kröger*) oder Fremdenfeindlichkeit, Massenhysterie, blinde Führergläubigkeit (*Mario und der Zauberer*) universell, nicht historisch begrenzbar – und daher immer aktuell.

Mario und der Zauberer

Entstehungsgeschichte und biografischer Hintergrund

Entstehung der Novelle sehr gut dokumentiert

Wie bei vielen anderen Werken kann die Entstehung der Novelle *Mario und der Zauberer* eng mit realen Erlebnissen Thomas Manns verknüpft werden und ist zudem (auch das nicht ungewöhnlich) in mehreren Briefen und Selbstzeugnissen dokumentiert.

Urlaub in Forte dei Marmi 1926

Im Jahre 1926 verbrachte Thomas Mann mit seiner Frau Katia und seinen beiden jüngsten Kindern Elisabeth und Michael einen vierzehntägigen Urlaub in dem kleinen italienischen Badeort Forte dei Marmi bei Viareggio. Von dort berichtete er zwar, u.a. in einem Brief an seinen Schriftstellerkollegen Hugo von Hofmannsthal, von „kleinen Widerwärtigkeiten [...], die mit dem derzeitigen unerfreulichen überspannten und fremdenfeindlichen nationalen Gemütszustand zusammenhingen" (Hans Rudolf Vaget: *Thomas Mann – Kommentar zu sämtlichen Erzählungen*, 222).

Unangenehme Erlebnisse

Veränderter Ausgang der Mario-Anekdote

Thomas Mann zeigte sich aber insgesamt gelassen über die Reiseerlebnisse. Diese sind in fast allen Einzelheiten (die Hitze, das schlechte Essen und die unwürdige Behandlung im Hotel, der Umzug in eine Privatpension, der freundliche Kellner Mario) in der späteren literarischen Umsetzung enthalten. Selbst den Auftritt des Zauberers mit dem Kuss Marios gab es wirklich, allerdings war der Ausgang ein völlig anderer: Der reale Mario lief beschämt weg, zeigte aber am nächsten Tag, als er die Familie Mann wieder bediente, lachend seine Anerkennung für die Arbeit des Zauberers. Den „letalen Ausgang" verdankte Thomas Mann nach eigenen Angaben einer spontanen Bemerkung seiner ältesten Tochter Erika, nachdem sie von dem Erlebnis erfahren hatte: „‚Ich hätte mich nicht gewundert, wenn er ihn niedergeschossen hätte'" (Vaget, 222f.).

Verarbeitung zur Novelle erst 1929

Die Konzeption der Novelle erfolgte nicht sofort nach dem Urlaub, sondern ruhte drei Jahre lang. Erst im August und September 1929 wurde sie umgesetzt. Die Anreicherung des politischen Gehalts der italienischen Erlebnisse durch die zwischenzeitlich gemachten Erfahrungen im mehr und mehr von der nationalsozialistischen Bewegung geprägten Deutschland ist zu vermuten. Im Gegensatz zu *Tonio Kröger* entstand *Mario und der Zauberer* ohne Probleme und in kürzester Zeit. Die äußeren Umstände der Entstehung sind von Thomas Mann selbst mehrfach beschrieben worden.

Familienurlaub in Rauschen an der Ostsee

Im Spätsommer 1929, er arbeitete gerade an seinem mehrbändigen Romanwerk *Joseph und seine Brüder*, sollte der Familienurlaub wie jedes Jahr am Meer, im Ostseebad Rauschen, stattfinden. Der Autor reiste wieder in Begleitung seiner Frau und seiner beiden jüngsten Kinder. Das umfangreiche Material zum Josephsroman wollte er nicht auf die Reise mitnehmen. So berichtet er nicht ohne Selbstironie in „Lebensabriß" (1930):

> „Da ich mich aber auf beschäftigungslose ‚Erholung' durchaus nicht verstehe und eher Nachteil als Nutzen davon erfahre, beschloß ich, meine Vormittage mit der leichten Ausführung einer Anekdote zu füllen, deren Idee auf eine frühere Ferienreise, einen Aufenthalt in Forte dei Marmi bei Viareggio und dort empfangene Eindrücke zurückging: einer Arbeit also, zu der es keines Apparates bedurfte und die im bequemsten Sinne des Wortes ‚aus der Luft gegriffen' werden konnte" (Thomas Mann: *Über mich selbst. Autobiographische Schriften*, 140 f.).

Problemlose Niederschrift

Höchst plastisch und amüsant beschreibt er, wie er, seinen Strandkorb nahe ans Meer gerückt, die badenden und wandelnden Menschen beobachtend, auf den Knien kritzelnd, die „Fabel" (141) zu Papier brachte – kein Vergleich zum mühsamen Entstehungsprozess von *Tonio Kröger*. Der größte Teil der Novelle entstand wohl am Strand von Rauschen, der Rest nach der Rückkehr in München.

Thomas Mann im Ostseebad Rauschen 1929, wo er *Mario und der Zauberer* schrieb.

Im November 1929 wurde Thomas Mann der Nobelpreis für Literatur verliehen, im Dezember nahm er den Preis in Stockholm entgegen. Anlässlich diverser Feiern zur Verleihung las der Autor u. a. in München, Berlin und Stockholm aus *Mario und der Zauberer*. Die Novelle wurde schließlich im April 1930 in *Velhagen & Klasens Monatshefte* unter dem Titel „Tragisches Reiseerlebnis" und im selben Monat in Buchform bei S. Fischer in Berlin mit dem Titel *Mario und der Zauberer. Ein tragisches Reiseerlebnis* veröffentlicht.

Mario und der Zauberer 1930 veröffentlicht

Inhalt

Mario und der Zauberer hat keine von Thomas Mann vorgegebene Einteilung. Dennoch kann man die Erzählung in zwei Handlungsteile gliedern.

1. Teil: Die Ereignisse im Hotel und am Strand (74–86)

Ich-Erzähler berichtet von vergangenen Ereignissen

„Die Erinnerung an Torre di Venere ist atmosphärisch unangenehm" (74). Schon im ersten Satz der Erzählung sind unterschiedliche Implikationen enthalten. Es wird deutlich, dass der Ich-Erzähler, der im Folgenden von dem Geschehen berichten wird, selbst an den Ereignissen teilgenommen hat und diese nun im Nachhinein nicht nur erzählt, sondern auch gleich kommentiert und bewertet. Außerdem wird von Anfang an die Atmosphäre festgelegt, die die ganze Erzählung bestimmen wird. Der Erzähler geht dann noch weiter, indem er in den nächsten vierzehn Zeilen, also im kompletten ersten Abschnitt, auch gleich in Kurzform die Handlung und ihren tragischen Ausgang darstellt, ohne auf Einzelheiten einzugehen, und somit doch noch eine Art Spannung aufrecht erhält. Auch die wichtigsten Beteiligten, der „schreckliche […] Cipolla", „die Kinder" (ebd.) und neben dem Ich-Erzähler eine zweite Person („uns"), also vermutlich die Ehefrau und Mutter der Kinder, werden bereits genannt.

Vorausdeutung: Handlung mit tragischem Ausgang

Beschreibung des Ferienortes

Nach dieser Einleitung sollte nun die „Erinnerung", d. h. die eigentliche Erzählung der angekündigten Ereignisse, kommen, – aber dem wird wiederum eine längere Passage vorgeschaltet, die immerhin den Ort des Geschehens detailliert beschreibt. Vorgestellt wird eben jenes Torre di Venere: ein quirliger Badeort am Tyrrhenischen Meer, in der Nähe des größeren, mondäneren, aber auch vollkommen überlaufenen Portoclemente. Zunächst als eine Art sympathischer Ausweichort von den Touristen freudig aufgenommen, ist Torre aber inzwischen längst kein ‚Geheimtipp' mehr, sondern unterscheidet sich nach dem Eindruck des Erzählers nicht mehr viel vom großen Portoclemente, „es wimmelt von zeterndem, zankendem, jauchzendem Badevolk" (75).

Nun beginnt der Erzähler seinen Bericht über den Aufenthalt seiner Familie in Torre im August. Er merkt an, dass sie zu früh gekommen seien. Der Ort ist während der italienischen Hochsaison völlig überfüllt und fest in der Hand der Einheimischen. Er empfiehlt, lieber im Mai oder September dorthin zu reisen, dann gehe es gedämpfter zu und man müsse sich nicht „wie ein Gast zweiten Ranges vorkommen" (76). Dieses Gefühl erläutert er anhand unangenehmer Erlebnisse seiner Familie im Grand Hotel. Zunächst wird ihnen ein Tisch auf der Veranda mit dem Hinweis verweigert, diese sei für die Kundschaft des Hotels vorgesehen – gemeint ist die italienische. Danach ergibt sich ein Konflikt mit der Hotelleitung, als ein anderer Gast, eine italienische Fürstin, aus Angst vor dem bereits überstandenen Keuchhusten der Kinder des Erzählers die Umquartierung der Familie in ein Nebengebäude verlangt. Selbst nachdem ein Arzt Unbedenklichkeit bescheinigt hat, besteht der servile Hotelmanager auf dem Zimmerwechsel, worauf der empörte Erzähler mit seiner Familie das Hotel verlässt und in die private Pension Eleonora umzieht, die von Signora Angiolieri, einer ehemaligen Gesellschafterin der berühmten Schauspielerin Eleonore Duse, geführt wird.

Unangenehme Erlebnisse im Grand Hotel

Umzug in die Pension Eleonora

Dort fühlt die Familie sich zwar wohler, dennoch können sie ihren Aufenthalt am Strand nicht so recht genießen, was nicht nur an der unmäßigen, kaum zu ertragenden Hitze oder an einem abscheulichen Jungen, dem zwölfjährigen Fuggièro, liegt. Es ist vor allem die Atmosphäre, die „öffentliche [...] Stimmung" (82), die dem Erzähler zu schaffen macht: „Man verstand bald, daß Politisches umging, die Idee der Nation im Spiele war" (ebd.). Die Kinder des Erzählers werden von italienischen Kindern zurückgewiesen, Erwachsene mischen sich mit nationalistischen Bemerkungen in die kindlichen Spiele ein.

Hitze und unangenehme Atmosphäre am Strand

Der Höhepunkt dieser belastenden Situation ist erreicht, als die kleine Tochter des Erzählers eines Tages nackt zum Meer läuft, um ihren Badeanzug auszuwaschen. Eine Welle der Entrüstung erhebt sich unter den italienischen Badegästen und ein elegant gekleideter Herr wirft der Familie empört die Verletzung von Zucht und Sitte

Empörung der Einheimischen über Nacktheit der kleinen Tochter des Erzählers und auch Schamlosigkeit vor. Seine Strafrede mündet in dem Vorwurf, die Ehre und Würde seines Landes seien verletzt worden. Der Erzähler versucht zu besänftigen, kommt aber nicht umhin, einem Beamten ins Rathaus zu folgen und ein Bußgeld zahlen zu müssen.

Erzähler rechtfertigt sein Bleiben vor Ort

An diesem Punkt stellt sich der Erzähler die Frage, warum sie nicht abgereist seien, und führt mehrere Gründe an. So bekommt die Familie in der Pension Eleonora durchaus Unterstützung, auch von wohlmeinenden italienischen Gästen. Außerdem gesteht der Erzähler, dass sie sich gewissermaßen zu Studienzwecken zum Bleiben entschlossen hätten: „Wir blieben auch deshalb, weil der Aufenthalt uns merkwürdig geworden war, und weil Merkwürdigkeit ja in sich selbst einen Wert bedeutet, unabhängig von Behagen und Unbehagen" (85). Er findet, „man soll bleiben, soll sich das ansehen und sich dem aussetzen, gerade dabei gibt es vielleicht etwas zu lernen" (ebd.), weist aber gleichzeitig mehrmals vorausdeutend darauf hin, dass man durch das Bleiben nicht jenen fatalen Cipolla vermieden habe. In Torre beginnt derweil die Nachsaison, der Ort und der Strand leeren sich, das Leben wird „sowohl intimer wie europäischer" (ebd.). Gleichzeitig ändert sich aber auch das Wetter, es wird stickig, schwül und regnerisch – eine Atmosphäre von dräuendem Unheil.

2. Teil: Die Vorstellung (86–127)

Ankündigung der Zaubervorstellung

Auf mehreren Plakaten hat sich in der Zwischenzeit Cavaliere Cipolla, ein Zauberkünstler, angekündigt – oder vielmehr, wie er sich bezeichnet, „ein fahrender Virtuose, ein Unterhaltungskünstler, Forzatore, Illusionista und Prestidigitatore" (86). Angesteckt von der Begeisterung ihrer Kinder und aus einem gewissen Bedürfnis nach harmloser Zerstreuung kaufen die Eltern schließlich Eintrittskarten und begeben sich an dem vorgesehenen Abend mit den Kleinen in den Veranstaltungsraum, einem wenig repräsentablen Saalbau in einem der ärmlicheren Ortsteile Torres. Unter dem buntgemischten Publikum entdecken die aufgeregten Kinder viele Bekannte, Fischer, Bootsvermieter und auch Mario, den Kellner aus dem Café, wo sie immer ihre Schokolade trinken. Der

Gemischtes Publikum im Saalbau

Mario, der Kellner

Saal füllt sich mehr und mehr, aber der Zauberkünstler lässt auf sich warten und muss endlich von dem ungeduldig werdenden Publikum herausgeklatscht werden.

Beschreibung Cipollas

Ausführlich beschreibt der Erzähler nun Cipolla, der – unbestimmbaren Alters, mit unattraktivem Äußeren, verwachsen und mit merkwürdig uneinheitlicher Kleidung – für ihn den „Typus des Scharlatans, des marktschreierischen Possenreißers" (90) verkörpert. Allerdings ist er frei von jeglichem Humor, eher von „gelegentlich übellaunige[m] Stolz" und strahlt eine „gewisse Würde und Selbstgefälligkeit des Krüppels" (ebd.) aus. Bemerkenswert sind seine Requisiten: eine Flasche Cognac, dem er fleißig zusprechen wird, Zigaretten, die er unablässig raucht, und vor allem eine lederne Reitpeitsche, deren Funktion zu Beginn noch nicht klar ist.

Cipolla erteilt Giovanotto die erste Lektion

Giovanotto, ein vorwitziger junger Mann aus dem Publikum, provoziert den nur rauchend dastehenden Cipolla und wird von diesem gegen seinen Willen dazu gezwungen, dem Publikum die Zunge herauszustrecken – zur Freude der Kinder, aber zur Verwirrung der Erwachsenen, die eher Zauberkunststücke erwartet haben. Cipolla stellt sich nun vor und betont, einen schweren Beruf zu haben und trotz seines körperlichen Gebrechens sein Leben in einem Maße zu meistern, das ihm allseits Achtung und Anerkennung beschere. In diesem Zusammenhang erwähnt er auch die „Ehre" (94), bereits vor dem Bruder des Duce (Mussolini) aufgetreten zu sein. Für den Erzähler stehen dieses übersteigerte Selbstwertgefühl und die Aufzählung seiner Erfolge in einem krassen Missverhältnis zu Cipollas Empfindlichkeit und seinen ständigen Spitzen gegen den jungen Giovanotto, die von „echte[r] Gehässigkeit" (95) zeugen. Und obwohl der Erzähler urteilt: „Der Mann hatte noch nichts geleistet" (ebd.), muss er beobachten, dass Cipolla das Publikum schon aufgrund seiner Rhetorik beeindruckt. Er schreibt dies der ‚Anfälligkeit' der Südländer für Schönheit und Behändigkeit in der Sprache zu: „Man spricht mit Vergnügen, man hört mit Vergnügen – und man hört mit Urteil" (ebd.). Der Zauberer ist den Menschen nicht sympathisch, aber sie erkennen seine Redegabe an. Und sie vermeiden, im Gegensatz zum Erzähler, der noch ein-

Cipolla überzeugt das Publikum durch seine Rhetorik

mal detailliert Cipollas hässliche Erscheinung und auch seinen Buckel beschreibt, taktvoll jegliche Bemerkung zu diesem „kleinen Leibesschaden“ (94), wie es Cipolla selbst nennt.

Arithmetische Übungen zu Beginn

Cipolla will nun sein Programm mit arithmetischen Übungen beginnen. Schon während der Vorbereitung (er schreibt etwas auf die Tafel und verdeckt es dann mit einem Blatt Papier) sucht er, pausenlos redend, immer wieder den Kontakt zum Publikum. Schließlich bittet er zwei junge Burschen aus dem Volk auf die Bühne. Der Erzähler registriert dabei, dass Cipolla sich hütet, „den vornehmen Teil seines Publikums zu belästigen“ (97). Die beiden Jungen sollen etwas aufschreiben, gestehen aber beide, nicht schreiben zu können. Es wird nicht deutlich, ob dies der Wahrheit entspricht oder nur als eine weitere Provokation Cipollas gedacht ist – dieser reagiert allerdings verächtlich mit einer drastischen Schmähung der beiden Ungebildeten und Verhöhnung des kleinen Torre di Venere als „letzte[m] Winkel des Vaterlandes […], in den die Unkenntnis der Elementarwissenschaften sich geflüchtet hat“ (98).

Erneuter Zusammenstoß mit Giovanotto

Hier ereignet sich nun ein zweiter Zwischenfall: Der junge Giovanotto erhebt sich erneut gegen Cipolla und verteidigt seine Freunde und seine Vaterstadt vehement und nicht ohne Anerkennung durch den Erzähler: „Das war ja ausgezeichnet“ (99). Cipolla aber reagiert eiskalt und hypnotisiert den jungen Mann, so dass sich dieser in einer vermeintlichen Kolik krümmt und windet. Wiederum gibt es Anerkennung im Publikum wie für ein gelungenes Schauspiel, wobei dem Erzähler das wahre Wesen dieser Veranstaltung nach wie vor unklar ist.

Cipollas Tricks gelingen

Der Zauberer führt nun endlich seine angekündigten mathematischen Tricks vor. So lässt er sich zum Beispiel aus dem Publikum beliebige Zahlen nennen, deren Addition schließlich der von ihm bereits aufgeschriebenen Zahl auf der Tafel entspricht. Auch weitere Tricks gelingen überzeugend. Die ganze Zeit hindurch redet Cipolla mit seinem Publikum, streut immer wieder patriotische Bemerkungen ein, verteilt heuchlerische

Komplimente, die eigentlich höhnisch und entwürdigend sind. Immer wieder setzt er den Hieb seiner Reitpeitsche ein, um seine Mitspieler in eine von ihm offensichtlich gewollte Richtung zu beeinflussen. Das Gefühl der Beklemmung beim Erzähler nimmt zu. Er bemerkt, dass der Künstler beim Publikum keinesfalls beliebt ist, diesen Unterströmungen der Ab- und Auflehnung aber Kraft seines Willens und mit Hilfe der Reitpeitsche immer wieder Herr wird.

Beeinflussung durch Einsatz der Reitpeitsche

Bei den nun folgenden Kartentricks kommt es erneut zu einem Zwischenfall. Ein junger Mann behauptet, sich Cipollas Willen widersetzen und nach eigenem freien Willen handeln zu wollen, wird aber von diesem belehrt: „‚Die Freiheit existiert, und auch der Wille existiert; aber die Willensfreiheit existiert nicht, denn ein Wille, der sich auf seine Freiheit richtet, stößt ins Leere'" (105). Und wirklich gelingt auch in diesem Fall der Trick. Cipolla hat nun im Weiteren leichtes Spiel, muss sich allerdings immer wieder durch Cognac und Zigaretten stärken. Er geht dann zu „Gesellschaftsspielen" (106) über, z. B. dem Auffinden versteckter Gegenstände oder der korrekten Ausführung einer vorher vom Publikum heimlich vereinbarten Handlung. Für den Erzähler bedeuten diese Kunststücke etwas abschätzig „Einblicke in den zweideutig-unsauberen und unentwirrbaren Charakter des Okkulten" (ebd.). Der mit dem Rücken zum Publikum sitzende Cipolla redet dabei ununterbrochen, kommentiert seine Rolle und die des Publikums. Er sei nun im Rollentausch der Empfangende des Publikumswillens, zum Werkzeug geworden, habe zu gehorchen. Gleichzeitig betont er, dass Befehlen und Gehorchen untrennbar zusammengehörten. Wer das eine könne, könne auch das andere (hier erhebt er die Situation auch wieder ins Politische, indem er sie mit dem Zusammenspiel von Volk und Führer vergleicht). Das Wichtigste für den Zauberer ist aber erneut das Herausheben seiner eigenen Person und deren Last,

Junger Mann kann Willensfreiheit nicht durchsetzen

Cipolla als Empfänger des Publikumswillens

> „die Leistung, die äußerst strenge und aufreibende Leistung, sei jedenfalls seine, des Führers und Veranstalters, in welchem der Wille Gehorsam, der Gehorsam Wille werde, dessen Person die Geburtsstätte beider sei, und der es also sehr schwer habe" (107).

Cipolla kennt Signora Angiolieris Vergangenheit

Den Höhepunkt dieser Vorführungen bildet eine Begegnung mit der Pensionswirtin, Signora Angiolieri, über die Cipolla nach einigen Umwegen triumphierend aussagt, sie sei eine Vertraute der Duse gewesen. Hier erntet er Jubelstürme des Publikums – nur der Erzähler zweifelt, sucht weiter nach rationalen Erklärungen: So könnte sich Cipolla ja vor seinem Auftritt über bestimmte Personen und ihre Vergangenheit erkundigt haben.

Pause

Die Vorstellung wird nun für eine zwanzigminütige Pause unterbrochen, während der die Eltern versuchen, die Kinder, die schon vorher eingeschlafen waren, zur gemeinsamen Heimkehr zu bewegen. Natürlich gelingt dies nicht, die Kleinen – nun wieder wach und aufgeregt – wollen auf keinen Fall den Fortgang der Vorstellung versäumen und wenden sich, nachdem die Eltern nachgegeben haben, wieder freudig den ihnen bekannten Einheimischen zu. So wird bei Mario stolz auf Italienisch eine Schokolade bestellt, was dieser ebenso spielerisch-freundlich beantwortet. In einer längeren Reflexion versucht der Erzähler, sich dem vermeintlich neugierig-fordernden Leser gegenüber für das Nachgeben der Eltern und das Verbleiben in der Vorstellung zu rechtfertigen. Er gibt zu, dass es nicht nur die Neugier aufgrund von Cipollas Ankündigung einer weiteren Steigerung der Kunststücke ist. Vielmehr verknüpft er die Erfahrungen des Abends mit den Erfahrungen des gesamten Urlaubs und stellt noch einmal die faszinierende Merkwürdigkeit heraus, die ihn und seine Frau veranlassen zu bleiben und zu beobachten:

Erzähler reflektiert erneut über die Gründe für sein Bleiben

> „[D]ieser Saal bildete den Sammelpunkt aller Merkwürdigkeit, Nichtgeheuerlichkeit und Gespanntheit, womit uns die Atmosphäre des Aufenthaltes geladen schien; dieser Mann […] dünkte uns die Personifikation von alldem" (111).

Cipolla als überragender Hypnotiseur

Die Darstellung des zweiten Teils der Vorstellung wird von einer Art zusammenfassendem Urteil des Erzählers über Cipolla eingeleitet: „Dieser selbstbewußte Verwachsene war der stärkste Hypnotiseur, der mir in meinem Leben vorgekommen" (112). Damit wird klar, dass von nun an der eigentliche Charakter des Auftritts enthüllt wird. Er dient einzig und allein dem Beweis von Cipollas hypnotischen Fähigkeiten, einer „Demonstration der Willensentziehung und -aufnötigung“, immer unterstützt von dem „Stärkungsgläschen und [der] Reitpeitsche mit dem Klauengriff“ (ebd.).

Beispiele für seine Kunst

Der Erzähler führt mehrere aus der Vielzahl der Beispiele an: Da ist ein besonders empfänglicher junger Mann, dessen Körper Cipolla in eine derart brettartige Starre versetzt, dass er ihn mit dem Nacken und den Füßen auf die Lehnen zweier Stühle legen und sich anschließend daraufsetzen kann. Mitleidsbekundungen aus dem Publikum für den jungen Mann weist der Zauberer mit der Bemerkung zurück, er selbst sei es, der all dies erleiden müsse. Eine Dame lässt er glauben, sie befinde sich auf einer Reise nach Indien; einem älteren Herrn militärischen Aussehens gelingt es nach Cipollas Ankündigung tatsächlich nicht mehr, seinen Arm zu heben. Am tiefsten berührt den Erzähler aber eine erneute Episode mit Signora Angiolieri. Der Hypnotiseur bringt sein Opfer dazu, ihm „[m]ondsüchtigen Ausdrucks“ (115) immer weiter zu folgen, selbst die Rufe ihres Ehemannes, von Cipolla selbst angestachelt, können sie nicht zurückhalten. Gönnerhaft beendet dieser schließlich die Szene, führt Signora Angiolieri zu ihrem Ehemann zurück, nicht ohne diesen zarten und unscheinbaren, schüchternen Mann noch weiter ironisch zu demütigen: „‚Hüten Sie mit allen Kräften Ihrer Männlichkeit einen Schatz, der so ganz der Ihre ist, und befeuern Sie Ihre Wachsamkeit durch die Einsicht, daß es Mächte gibt, die stärker als Vernunft und Tugend und nur ausnahmsweise mit der Hochherzigkeit der Entsagung gepaart sind‘“ (ebd.).

Verhexung Signora Angiolieris

Cipolla lässt das Publikum tanzen

Dieser erneute Triumph lässt nun auch den größten Teil des Publikums jegliche Zurückhaltung aufgeben. Cipolla lässt die Puppen tanzen – im wörtlichen Sinn. Er bringt mehrere der jungen Männer dazu, auf der Bühne unablässig einen „Step“ (116) aufzuführen. Auch den erneuten Widerstandsversuch des jungen Mannes aus Rom, der bezweifelt, dass Cipolla ihn zum Tanzen bringen könne, wenn er nicht wolle, vermag dieser nach einiger Zeit zu brechen. Stellvertretend für alle Anwesenden will der „Brave“, wie es der Erzähler ausdrückt, „die Ehre des Menschengeschlechtes heraushauen“ (117), muss aber schließlich aufgeben. Obwohl mit dem

Der junge römische Herr wird zum zweiten Mal bezwungen

Rücken zu Cipolla stehend, nur von dessen bohrenden Blicken, eindringlichen Reden und der pfeifenden Peitsche beeinflusst, beginnt er am Ende wie erlöst doch zu tanzen und wird in die Gruppe der Tänzer auf der Bühne eingereiht. Noch immer versucht der Erzähler, die Erfolge Cipollas rational zu erklären: „Verstand ich den Vorgang recht, so unterlag dieser Herr der Negativität seiner Kampfposition. Wahrscheinlich kann man vom Nichtwollen seelisch nicht leben; eine Sache nicht tun wollen, das ist auf die Dauer kein Lebensinhalt" (118). Die reine Verweigerung, ohne eine positive Grundlage für den Widerstand, reicht nicht aus.

Nichtwollen ist auf Dauer kein Lebensinhalt

Es ist inzwischen weit nach Mitternacht, der Erzähler bedauert beschämt, dass die Kinder immer noch anwesend sind, beruhigt sich aber mit der Feststellung, dass ihnen „der Sinn für das Anrüchige dieser Abendunterhaltung" (119) noch fehle. Die Kleinen reagieren freudig-erregt, als sich Cipolla nun Mario, dem Kellner, zuwendet und diesen auf die Bühne lockt. Hier kommt es nun zu dem schon mehrfach angekündigten Höhe- und Wendepunkt der Handlung. Den Aufbau der Spannung verzögert der Erzähler noch dadurch, dass er zum ersten Mal eine ausführliche Beschreibung Marios (immerhin ja eine der beiden Titelfiguren) gibt. Neben dem nicht unbedingt hübschen Äußeren (besonders die auffälligen Lippen werden mehrfach erwähnt) stellt der Erzähler vor allem die schwermütige Aura heraus, die den jungen Mann umgibt: Er spricht von einer „primitive[n] Schwermut" (120), einer Zurückhaltung, einem Verzicht auf einschmeichelnde Freundlichkeit – all dies hat die Erzählerfamilie für Mario eingenommen. In diesem Augenblick – neben dem lässig-überheblichen Cipolla – strahlt der junge Mann Unsicherheit und Schüchternheit aus.

Cipolla winkt Mario auf die Bühne

Cipolla verfährt zunächst auf die übliche Art mit ihm. So parliert er ironisch über Marios Namen, seine Kleidung und seinen vermutlichen Erfolg bei den Mädchen. Ein höhnisches Lachen Giovanottos aus dem Saal und Marios abweisende Reaktion nimmt Cipolla zunächst nicht auf und fragt den jungen Mann über seinen Beruf aus, bezeichnet ihn daraufhin so ironisch wie zweideutig als Ganymed. So nähert er sich langsam seinem Ziel.

Cipolla fragt Mario aus

Vermeintlich einfühlsam behauptet er, Mario müsse Kummer, Liebeskummer haben – und wird durch das erneute Lachen Giovanottos und Marios Fluchtreflex in seiner Annahme bestätigt. Als Cipolla dann auch noch durch Giovanotto (offensichtlich ein Nebenbuhler) den Namen der Geliebten, Silvestra, erfährt, beginnt er mit der Hypnose Marios, in deren Verlauf er diesem vorspiegelt, das Mädchen zu sein, und ihn schließlich dazu bringt, ihn zu küssen. Abgestoßen und entsetzt beschreibt der Erzähler die Atmosphäre im still gewordenen Saal: „Der Augenblick war grotesk, ungeheuerlich und spannend, – der Augenblick von Marios Seligkeit" (125).

Hypnose Marios: Cipolla gibt sich als Silvestra aus, Mario küsst Cipolla

Selbst Giovanotto scheint nicht nur schadenfroh, sondern auch ein klein wenig mitfühlend zu sein. In diesem Augenblick setzt Cipolla durch das Pfeifen der Reitpeitsche Marios hypnotisiertem Zustand ein Ende. Dieser begreift, was geschehen ist, und stürzt von der Bühne. Während das Publikum einem selbstgefällig lachenden Cipolla applaudiert, dreht Mario sich plötzlich um und feuert zwei Schüsse auf den überraschten Zauberer ab, der – offensichtlich tödlich getroffen – zu Boden fällt. Im allgemeinen Tumult wird Mario entwaffnet, zwei Polizisten treffen ein und der Erzähler und seine Frau nutzen die Gelegenheit, nun endgültig mit den Kindern den Saal zu verlassen, die noch fragen, ob das wirklich das Ende sei. Doppeldeutig bejaht ihr Vater die Frage und fasst seine Erleichterung in den letzten Sätzen der Erzählung zusammen:

Mario begreift seine Demütigung; er erschießt Cipolla

> „Ein Ende mit Schrecken, ein höchst fatales Ende. Und ein befreiendes Ende dennoch, – ich konnte und kann nicht umhin, es so zu empfinden!" (127).

Erzähler empfindet Befreiung

Thematische Aspekte

Politik ist im Spiel

Bezüge zum historischen Hintergrund	
	→ Italienische Gesellschaft zur Zeit des Faschismus unter Mussolini. → Atmosphäre des Unbehagens: Fremdenfeindlichkeit, übertriebener Nationalstolz, Prüderie, Irrationalität siegt über Vernunft. → Cipolla als Demagoge, der das Volk für sich gewinnt.

Bezug zum Faschismus in Italien möglich

„Man verstand bald, daß Politisches umging, die Idee der Nation im Spiele war" (82). Obwohl sich Thomas Mann nicht immer eindeutig zu geschichtlichen Bezügen seiner Novelle bzw. zu politischen Aussageabsichten geäußert hat (S. 65 ff.), gibt der Text – vor allem im ersten Teil – doch ein recht aufschlussreiches Bild der italienischen Gesellschaft zur Zeit des Faschismus Mitte der Zwanziger Jahre des vergangenen Jahrhunderts. Der Ferienaufenthalt Thomas Manns mit Frau und Kindern in Forte dei Marmi, Vorlage für die in der Novelle beschriebene Situation (S. 9), fiel zeitlich zusammen mit der endgültigen Etablierung einer Einparteiendiktatur in Italien unter Benito Mussolini im Jahre 1926. Die schon von den Manns als unangenehm empfundene öffentliche Stimmung findet sich nun wieder in den Beschreibungen des Erzählers in *Mario und der Zauberer.*

Verhalten der Einheimischen: patriotisch, fremdenfeindlich, irrational, prüde

Die Atmosphäre ist gekennzeichnet von Unbehagen, Unnatürlichkeit und auch Irrationalität: „Ärger, Gereiztheit, Überspannung lagen von Anfang an in der Luft" (74). Die übermäßige Hitze, die Überfülle des Ortes und Strandes, die Lautstärke der Menschen, der „merkwürdige […], aber abstoßende […] Anblick" (76) der dick verstaubten Pflanzen am Straßenrand – all dies bildet den adäquaten Hintergrund, auf dem sich das Verhalten der meisten Einheimischen den Fremden gegenüber umso schärfer hervorhebt. Dieses Verhalten, eigentlich schon eine Haltung, kann charakterisiert werden als eine Melange aus übersteigertem Nationalgefühl und, damit einhergehend, Fremdenfeindlichkeit, Liebedienerei, Ausschaltung der Ratio und Unbelehrbarkeit, verklemmter Sexualmoral sowie Autoritätsanmaßung und Eingriffen in die Privatsphäre. In verschiedenen Stationen der Handlung werden einzelne Aspekte dieser Haltung verdeutlicht.

Deutsche Familie als Gäste zweiter Klasse

Im Hotel wird die deutsche Erzählerfamilie wie Gäste zweiter Klasse behandelt, bekommt nicht den gewünschten Tisch, der den italienischen Gästen vorbehalten bleibt. Schlimmer noch, als eine italienische Fürstin auf den überstandenen Keuchhusten der deutschen Kinder hysterisch reagiert, ist der Hotelmanager sofort bereit, für eine Umquartierung der Familie zu sorgen. Selbst als ein Arzt, ein „loyaler und aufrechter Diener der Wissenschaft" (78), fachmännisch fundiert und vernünftig die Unbedenklichkeit bescheinigt, besteht der Manager aus irrationaler Ignoranz und liebedienernder Untertänigkeit gegenüber seinen hochgestellten einheimischen Gästen auf seiner Anordnung.

Eleonora Duse und Gabriele D'Annunzio

Mit dem Umzug in die Pension Eleonora scheint eine positive Entwicklung zu beginnen – allerdings sind auch hier durch die Erwähnung Eleonora Duses und den Personenkult, den die Pensionswirtin um die berühmte Schauspielerin treibt, unausgesprochen Verbindungen zum Geliebten der Duse, Gabriele D'Annunzio, einem umstrittenen, dem Faschismus nahestehenden italienischen Dichter, möglich und sicher auch beabsichtigt.

Junge Fuggièro als Hauptträger der Stimmung

Besonders deutlich tritt die oben gekennzeichnete Haltung der italienischen Einheimischen gegenüber den fremden Touristen in den Episoden am Strand zu Tage. In der Gestalt des zwölfjährigen Fuggièro, einem der „Hauptträger […] einer öffentlichen Stimmung" (82) und gewissermaßen einem Vorläufer Cipollas, vereinigen sich übersteigerter Geltungsdrang, Hang zu großem Theater und versteckte Grausamkeit gegenüber Andersartigen auf für den Erzähler schwer erträgliche Weise. Wieder einmal werden Vernunft und „wissenschaftlicher Geradsinn" (81) in Gestalt des schon bekannten Arztes außer Kraft gesetzt. Selbst die Spiele der Kinder verlieren ihre Harmlosigkeit. Die deutschen Kinder werden zurückgewiesen, Erwachsene mischen sich ein, patriotische Redeweisen verdrängen kindliches, d.h.

allgemein-menschliches Zusammengehörigkeitsgefühl und Toleranz.

Patriotische Sittenwächter am Strand

Den Höhepunkt der Entwicklung bildet die Episode mit dem „Herr[n] in städtischem Schniepel“ (83), der sich – nachdem die kleine Tochter des Erzählers nackt zum Meer gelaufen ist – zum Wortführer einer Welle nationaler Empörung ob dieser Sittenlosigkeit aufschwingt. Sowohl die Tatsache, dass die strenge Kleidung des Herrn für einen Strandaufenthalt völlig unpassend erscheint, als auch die Hinweise des Erzählers auf ein inzwischen weitverbreitetes liberales und natürliches Verhältnis zum menschlichen Körper lassen die völlig überzogenen Ausführungen des Mannes als Rückschritt in eine vormoderne Haltung erscheinen, die von Verklemmtheit, unterdrückter Sexualität und übersteigerter Moralität zeugt. Dazu kommt das schnelle Anrufen und Eingreifen der staatlichen Autorität als Hüterin der nationalen Sitte und Ordnung und Verteidigerin des Landes gegen die Verlotterung von außen.

Zustand der Gesellschaft als „Krankheit“

Cipollas Vorstellung: Entstehung dieser Krankheit

Hat der Erzähler über die Ereignisse im Hotel und am Strand in teilweise ironisch-satirischer, unterhaltsamer Weise berichtet und die an sich verstörenden Verhaltensmuster der Einheimischen fast schon nachsichtig als Symptome einer „Krankheit“ bezeichnet, so liefert der zweite Teil der Geschichte – der Bericht über den Auftritt des Zauberers Cipolla – sozusagen die Genese dieser Krankheit nach.

Demagoge und Publikum: wechselseitige Beziehung

Natürlich ist Cipolla nicht Mussolini und auch nicht Hitler (eine solche Gleichung wäre zu vereinfachend und würde der genauen Textbetrachtung nicht standhalten), aber in dieser Gestalt werden psychologische Techniken einer faschistischen oder, allgemeiner, diktatorischen Führerfigur dargestellt, die bei der Umformung eines uneinheitlichen Publikums, d.h. einer heterogenen Gesellschaft, in eine einheitliche, unterwürfige Gefolgschaft angewendet werden (und wofür nun allerdings Mussolini und später auch Hitler repräsentative Beispiele waren). Dabei ist wichtig zu betonen, dass dieser Prozess ein von beiden Seiten getragener ist. Cipolla ist ein rhetorisch hochbegabter Demagoge, seine Reden sind durchsetzt mit patriotischen Anspielungen (u. a. auf den Bruder des Duce) und übertriebenem Nationalstolz, er hat Erfolg mit seinen Versprechungen und Kunststücken. Aber er trifft auch auf ein in weiten Teilen und quer durch alle Schichten dankbares Publikum, das anfällig ist nicht nur für eben jene Rhetorik, sondern auch für Irrationales und für die (mal schnellere, mal langsamere) Aufgabe der Selbstbestimmung und Unterordnung unter einen fremden Willen – vor allem, wenn man ihm vorspielt, es sei im Grunde sein eigener Wille in Einigkeit mit dem Führer.

Gewiss ist Cipolla ein Meister der Suggestion und Hypnose, aber ihm gegenüber sind auch Menschen mit willenloser Opferbereitschaft von Anfang an und andere mit nur allmählich aufgegebener kritischer Vernunft und Autonomie. Am Ende gehen auch diese gerne auf im Gemeinschaftstanz. In diesem Sinne wäre *Mario und der Zauberer* dann nicht nur eine Abbildung der italienischen Gesellschaft, von der Mussolinis Faschismus bereits Besitz genommen hat, sondern auch eine (warnende) Präfiguration der deutschen Gesellschaft, der Hitlers nationalsozialistische Machtergreifung erst noch bevorsteht.

Warnung an die deutsche Gesellschaft

Der (Ver-)Führer und die Masse

- Modell einer Beziehung zwischen Masse und Führer (Le Bon, Freud).
- Masse mit gemeinsamer Psyche; Entindividualisierung der Einzelnen.
- Führer als „Urvater“ mit Charisma: selbstbewusst, narzisstisch, redegewandt; Stärke auch durch Suggestion, Hypnose.

Sozialpsychologische Deutung

Modell Führer und Masse

Über den konkreten politischen Bezugsrahmen hinaus (aber natürlich eng damit zusammenhängend) kann die Novelle im sozialpsychologischen Sinn als Modell für die komplexe Beziehung zwischen Individuum, Masse und Führerfigur dienen. Die Vorstellung, dass die Masse das Schicksal der Gesellschaft bestimmen und die Existenz des Individuums gefährden könnte, war schon zu Beginn des 20. Jahrhunderts keinesfalls neu.

Gustave Le Bon

So hatte u. a. der französische Psychologe und Soziologe Gustave Le Bon 1895 in seiner Abhandlung *Psychologie des foules* (dt. *Psychologie der Massen*, 1908) diese Ängste des ausgehenden 19. Jahrhunderts zusammengefasst. Er untersuchte dabei besonders die Struktur und Eigenschaften der Masse und die Führerfigur. Sein Buch galt im ersten Drittel des 20. Jahrhunderts als Standardwerk und beeinflusste viele namhafte Philosophen und Autoren, u. a. auch Sigmund Freud, der 1921 seinen Essay *Massenpsychologie und Ich-Analyse* veröffentlichte, dabei allerdings im Bezug auf die Führerfigur zu etwas anderen Ergebnissen kam.

Sigmund Freud

Es ist nicht bekannt, ob Thomas Mann Le Bons Werk kannte, wenn, dann wohl höchstens aus zweiter Hand. Er war aber sehr vertraut mit Sigmund Freuds Arbeiten, wenn auch hier nicht sicher ist, ob er dessen o. g. Essay selbst gelesen hat. Zudem war er mit den praktischen Umsetzungen der Massenpsychologie aus eigener Anschauung in Mussolinis Italien und ansatzweise auch im von der nationalsozialistischen Bewegung überschatteten Deutschland vertraut. Daher kann *Mario und der Zauberer* auch als Literarisierung der Beziehung von Führern und Geführten und speziell der zweite Teil, Cipollas Auftritt, als sinnbildliche Darstellung psychologischer Strukturen der Massenbildung gelesen werden.

‚Vermassung' bereits im Ort und am Strand

Das Problem der Massen ist schon am Anfang der Erzählung ein Thema, wenn der Erzähler von den überfüllten Orten Portoclemente und Torre di Venere berichtet, von Gedränge am Strand und in den Lokalen. Obwohl er konstatiert, es gebe unter der italienischen Jugend auch „viel Wohlschaffenheit und gesunde Anmut" (81), zeigt sich das einheimische Publikum insgesamt als amorphe Masse, deren offenkundige Eigenschaft eine Art demonstratives Gemeinschaftsgefühl in scharfer Abgrenzung zu Außenstehenden, hier repräsentiert durch die Erzählerfamilie, ist. Einzelne Figuren, die kurz hervortreten, der Hotelmanager, der städtische Herr, bleiben namenlos, stellen ihre Individualität in den Dienst der Gemeinschaft, für deren „Ehre" (83) und „nationale Würde" (84) sie agieren. Dabei handeln sie nicht rational, sondern aus übersteigerten Gefühlen und Empfindlichkeiten he-

Einheimische als Masse mit Gemeinschaftsseele

raus, in denen sie sich mit den anderen einig wissen. So entwickelt die Masse (nach Le Bon) eine eigene Psyche, eine Art Gemeinschaftsseele. Neben dem Klein-Cipolla Fuggièro erhält einzig die Signora Angiolieri vom Erzähler nicht nur einen Namen, sondern auch die Umrisse einer individuellen Geschichte. Sie ist es auch, die zunächst als Repräsentantin eines offenen und ausländischen Gästen gegenüber freundlichen und aufgeschlossenen Italien fungiert. Aber auch sie wird später ihre Kontrolle verlieren, ihre individuelle Geschichte wird zur Schwäche und vom Verführer Cipolla ausgenutzt.

Zaubervorstellung als Bildung einer Beziehung zwischen Masse und Führer

Mit dessen Ankündigung beginnt nicht nur der zweite, wesentlich längere Teil der Erzählung, sondern auch die detaillierte Beschreibung einer ‚Verzauberung', die zugleich modellhaft die sich nach und nach entwickelnde Beziehung einer Masse und ihres Führers abbildet. Zu Beginn der Vorstellung, noch vor Erscheinen des Zauberers, sind einzelne schichtenspezifische Gruppierungen, verschiedene Nationalitäten und sogar einzelne Individuen im Publikum zu unterscheiden. Bald ist aber schon allen die Spannung und Ungeduld des Wartens und die scharfe, abwartende Beobachtungshaltung nach dem Erscheinen Cipollas gemeinsam. Gleich mit seiner ersten Aktion, der Hypnose des widerständigen Giovanotto, setzt Cipolla sein Zeichen für den Abend: „Tun" und „Wollen" des Einzelnen gehören nicht mehr zusammen, das „Tun" wird (in „Arbeitsteilung […] – sistema americano" (92), wie vom Zauberer zynisch bemerkt) von ihm, von außen bestimmt. Giovanotto ist also der Erste, der die Kontrolle an den Führer verliert; (fast) alle anderen werden folgen.

Kontrollverlust der Einzelnen an den Führer

Führer muss „Prestige" haben

Nach Le Bon muss die Führerfigur ein „Prestige" besitzen, entweder ein erworbenes bzw. künstliches (Name, Reichtum, Ansehen) oder ein persönliches (Charisma, Suggestivkraft und Rhetorik, auch Durchsetzungsfähigkeit, Gewaltbereitschaft und Erfolg). Sigmund Freud sieht – in Analogie an die Vorstellung von der „Urhorde" als der Urform der menschlichen Gesellschaft, die von einem starken Männchen, dem „Urvater", unumschränkt beherrscht wurde – auch in der modernen menschlichen Masse wieder das vertraute Bild des überstarken Einzelnen, des Führers, inmitten einer Schar von Gleichen. Sein Führer ist vor allem durch persönliche Freiheit und Unabhängigkeit charakterisiert. Er ist so selbstbewusst wie narzisstisch, liebt niemanden außer sich selbst oder doch andere nur, soweit sie seinen Bedürfnissen dienen. Dabei muss er den Massenindividuen aber die Vorstellung vorspiegeln, sie würden alle in gleicher und gerechter Weise von ihm geliebt. Zum letztlich Geheimnisvollen der Massenbildung und engen Bindung an den Führer tragen dann aber auch bei Freud noch die Suggestion und die Hypnose bei.

Cipolla verkörpert Eigenschaften eines Führers

Der Zauberer Cipolla ist eine Verkörperung sowohl von Le Bons als auch von Freuds theoretischen Vorstellungen. Wirkt im Hinblick auf erworbenes Prestige seine Herkunft als „Cavaliere" auch nebulös und seine Ausstaffierung eher operettenhaft, so strahlt er von Anfang an eine starke Verbindung von übergroßer Selbstgefälligkeit, Narzissmus („‚Ich bin ein Mann von einiger Eigenliebe, nehmen Sie das in Kauf!'", 94) und beeindruckender Rhetorik aus. Permanent begleitet er seine Vorführungen mit Reden und Publikumsansprachen und beginnt „die Kluft zwischen Podium und Zuschauerraum aufzuheben" (97). Dadurch baut er Distanz ab und erzeugt einen suggestiven Sog. Gleichzeitig lässt er an keiner Stelle Zweifel an seinen ihn aus der Masse heraushebenden Fähigkeiten, indem er den Widerstand Einzelner (noch einmal Giovanotto, der junge römische Herr) durch eine Verbindung aus Gewalt (symbolisiert in der Reitpeitsche) und Erfolg aufgrund der Hypnose bricht. Cipolla wirkt aber nicht nur von außen auf die Menge ein, sondern stellt sich selbst auch als Verkörperung eines inneren Impulses derselben dar, indem er sich zum Werkzeug für das Publikum macht und in einem weiteren Teil der Vorstellung dessen „Gemeinschaftswillen" (107) ausführt. Dadurch schafft er ein Zusammengehörigkeitsgefühl – sowohl bei den Mitgliedern des Publikums untereinander als auch vom Publikum zu ihm – weil er nun dessen Handlungsvorgaben ausführen muss: Der Führer handelt nach dem Willen der Masse.

Widerstand Einzelner wird durch Gewalt und Hypnose gebrochen

Zusammengehörigkeitsgefühl

Cipollas, des Führers, „Triumph auf seiner Höhe" (118) wird nach der Vorstellungspause erreicht. Er überwindet letzte Widerstände. Anhand der ‚Entführung' Signora

Angiolieris demonstriert er nicht nur ein weiteres Mal die Macht seiner hypnotischen Fähigkeiten, sondern auch deutliche sexuelle Konnotationen dieser Macht, die somit die Grenzen der individuellen Intimsphäre überschreitet. Auch wenn Cipolla, anders als später bei Mario, diesen Weg noch nicht zu Ende geht. Durch die Hypnose des jungen römischen Herrn schließlich zeigt der Zauberer nicht nur, dass dessen angestrengte Verteidigung der eigenen Freiheit und Individualität sich auf ein konkretes Objekt richten müsste, um erfolgreich zu sein. Er lässt auch deutlich werden, dass der junge Mann sein Aufgeben und die Einreihung in die längst auf der Bühne zappelnden „Hampelmänner" am Ende genießt: „Er lächelte breit, mit halb geschlossenen Augen, während er sich ‚vergnügte'. Es war eine Art von Trost, zu sehen, daß ihm offenbar wohler war jetzt als zur Zeit seines Stolzes …" (118). Der Einzelne ist in der Masse nun nicht mehr er selbst, sondern ein Automat geworden, Teil eines „Zappelkorps" (123), geführt vom „Meister" (118), „Herr[n] des Abends" (119), „Gewaltigen" (121).

Unterwerfung als Genuss

Mit der erotischen Verführung Marios, dem er sich als dessen Angebetete Silvestra ‚unterschiebt', sprengt Cipolla schließlich selbst seine Herrschaft als Führer über die Masse. Er zieht ein Individuum vor und zerstört damit eine (nach Freud) Grundvoraussetzung seiner Anerkennung, nämlich die Illusion, dass das Oberhaupt alle Massenindividuen mit der gleichen Liebe liebt. Es folgt unweigerlich der Sturz des Führers, hier noch dramatisiert durch Marios Tat. Der Verlust lässt die Masse auseinanderfallen, innere Bindungen lösen sich auf. Es bleiben Panik und Orientierungslosigkeit:

Cipolla sprengt selbst seine Herrschaft

Sturz (Tod) des Führers bewirkt Auseinanderfallen der Masse

> „Der Tumult war grenzenlos. Damen verbargen in Zuckungen das Gesicht an der Brust ihrer Begleiter. Man rief nach einem Arzt, nach der Polizei. Man stürmte das Podium. Man warf sich im Gedränge auf Mario […]" (126).

Mit der – auch räumlichen – Distanzierung durch den Erzähler, dem Verlassen des Ortes der Verzauberung, scheint der Bann endgültig gebrochen.

Widerstand zwecklos?

(Un-)Möglichkeiten des Widerstandes	
	→ Schwache, Sensible (Signora Angiolieri) werden zu willenlosen Opfern. → Widerstand als Provokation (Giovanotto) und Negation (junger Herr aus Rom) erfolglos. → Passiver Widerstand (Erzähler) unterliegt mehr und mehr der Faszination. → Marios widerständige Tat: verschiedene Motive denkbar.

Facetten des Widerstandes

Schwäche und Sensibilität machen Widerstand unmöglich

Anhand einzelner Figuren werden im zweiten Teil der Erzählung mögliche Reaktionen auf die Verführung durch den Zauberer und auf die Eingliederung in die Masse aufgezeigt. Da sind zunächst jene, deren Schwäche sie zu im wahrsten Sinne des Wortes willenlosen Opfern macht. Ein junger Mann, der für die Hypnose besonders empfänglich ist und von Cipolla mehrmals als Demonstrationsobjekt missbraucht wird, und Signora Angiolieri. Die Pensionswirtin wird vom Erzähler schon im ersten Teil als zarte, sympathische Frau vorgestellt, deren Leben wesentlich von ihrer Erfahrung als Gesellschafterin Eleonora Duses bestimmt ist. Die überall in der Pension sichtbare kultische Verehrung ist sicher zum Teil einer gewissen Geschäftstüchtigkeit geschuldet, zeugt aber auch von einer hohen Sensibilität und Neigung zum Künstlerischen, ‚Abgehobenen'. Gleichgültig, ob durch vorherige Erkundigungen oder durch gewisse hellseherische Fähigkeiten – Cipolla erkennt diese Disposition und stellt gleich einen Rapport zu der Signora her, indem er ihre Verehrung der Duse noch pathetisch verstärkt. Somit hat er die Voraussetzungen geschaffen, sie danach zu einer willenlosen Nachfolgerin (wörtlich wie sinnbildlich) zu machen. Der Erzähler beschreibt eindrücklich ihre

Signora Angiolieris „Behexung"

„ätherische Widerstandslosigkeit" (114) und „Behexung" (ebd.), die Art, wie sie „[m]ondsüchtigen Ausdrucks" beginnt, Cipolla „nachzuschweben" (115). Die Situation hat auch eine starke erotische Komponente, deutet in die Richtung einer sexuellen Hörigkeit zwischen Verführer und Verführter. Dies wird noch verstärkt durch die Demütigung des Ehemannes als ‚rechtmäßigem' Liebhaber der Signora. Cipolla hat die engsten, intimsten Bindungen zwischen zwei Menschen aufgehoben und die Gefühle des einen auf sich selbst gelenkt.

Giovanotto als Widersacher: unterliegt Cipollas Hypnose

Es gibt auch Figuren, die dem Zauberer aktiv Widerstand leisten und zumindest versuchen, ihren eigenen Willen und ihre Handlungsfähigkeit zu behaupten. Als Erster ist hier Giovanotto zu nennen, der Cipolla von Anfang an provozierend und „feindselig“ (92) gegenübersteht. Innerhalb der sozialen Ordnung im Saal ist er ein Vertreter der „eingesessenen Volkstümlichkeit“ (88) auf den Stehplätzen, der Fischer, Bootsverleiher, Kellner. Er ist so selbst- wie nationalbewusst und bietet Cipolla zweimal verbal Paroli. In beiden Situationen agiert er sozusagen stellvertretend für eine Stimmung im Saal, die sich noch diffus gegen die Arroganz des Zauberers richtet:

> „Die Heiterkeit erneuerte sich. […] Die populäre Lektion war schließlich am Platze gewesen“ (92).

> „Das war ja ausgezeichnet. Der junge Mann hatte wahrhaftig Haare auf den Zähnen. Man unterhielt sich bei dieser Art von Dramatik […]“ (99).

Doch beide Male unterliegt er Cipollas hypnotischen Fähigkeiten – gleichsam stellvertretend für andere Zuschauer, deren eventuell vorhandenem Vorwitz damit schnell die Spitze abgebrochen wird. Giovanotto wird zunächst vom Publikum ignoriert, dann bemitleidet – und am Ende wird er sogar, auch das wahrscheinlich gesteuert von Cipollas suggestiven Kräften, zum Handlanger desselben bei dessen Demütigung Marios.

Junger Herr aus Rom

Der Widerstand des jungen Herrn aus Rom (dieses Mal eines Vertreters der gehobenen gesellschaftlichen Schichten) zeigt sich ebenfalls in zwei Episoden, was einerseits auf die Hartnäckigkeit deutet, mit der er auf seinem Eigenwillen besteht, und andererseits die Bedeutsamkeit der Demonstrationen Cipollas für seinen Erfolg beim Publikum unterstreicht. Beide Situationen werden vom Erzähler ausführlich geschildert und von Reflexionen über die Willensfreiheit begleitet.

Im ersten Fall belehrt Cipolla selbst den zur Gegenwehr entschlossenen jungen Mann: „‚Die Freiheit existiert, und auch der Wille existiert; aber die Willensfreiheit existiert nicht, denn ein Wille, der sich auf seine Freiheit richtet, stößt ins Leere'" (105). Das klingt abstrakt, verwirrt den jungen Mann und konkretisiert sich dann schnell in seinem Scheitern und Cipollas Erfolg. Vor der Schilderung der zweiten Szene betont der Erzähler die besondere Bedeutsamkeit: Sie sei der letzte Schritt zur „Vollendung seiner [Cipollas] Herrschaft" (116). Durch die Demontage des jungen römischen Herrn, der ein „gefährliches öffentliches Beispiel abzugeben drohte" (ebd.), wendet der Zauberer die letzten noch vorhandenen Zweifel im Publikum ab und leitet damit jene „gewisse Ausartung, ein gewisses spätnächtliches Drunter und Drüber der Gemüter, eine trunkene Auflösung der kritischen Widerstände" (ebd.) ein. Die rauschhafte, selbstvergessene Hingabe der Zuschauer an den Cavaliere, die symbolträchtig in den ‚tanzenden Puppen' sichtbar wird.

Rauschhafter Zustand des Publikums

Die letzten Endes erfolgreiche Hypnose des jungen Römers, der nach langer Gegenwehr dann doch zu tanzen beginnt, wird wieder in einer Reflexion erläutert. Interessanterweise führt jetzt der Erzähler die Argumentation Cipollas fort, indem er von der „Negativität der Kampfposition" (118) des jungen Mannes spricht. Widerstand ist also nicht möglich allein als Negation des Willens des anderen, sondern nur mit einem konkreten Ziel, auf das sich der eigene Wille richten kann. Die Argumentation geht sogar noch weiter: Cipolla behauptet, dass es eine Erlösung, ein Genuss sei, dem Willen des anderen nachzugeben, sich zu unterwerfen – und dass dies einem heimlichen, inneren Wunsch und Trieb entspreche. Der Erzähler macht sich diese Erklärung wieder zu eigen, indem er im Gesicht des „Unterworfenen" (ebd.) ein Wohlgefühl zu entdecken glaubt.

Widerstand ohne positives Objekt erfolglos

Freudige Aufgabe des eigenen, Genuss des fremden Willens

Mit dem Erzähler selbst, einem Vertreter der ausländischen Gäste, ist ein weiterer widerständiger Geist zugegen – und das im wahrsten Sinne des Wortes, denn dessen Widerstand spielt sich in seinen Gedanken ab. Er bleibt passiver Beobachter, der die Ereignisse aus

Intellektueller Widerstand des Erzählers zu passiv

einer Art intellektueller Distanz aufnimmt, schildert und kommentiert. Immer wieder unterzieht er Cipollas Handlungen einer kritischen Prüfung und sucht nach rationalen Erklärungen, auch für die Begeisterungsfähigkeit des Publikums:

> „Der Mann hatte noch nichts geleistet, aber sein Sprechen allein ward als Leistung gewürdigt, er hatte damit zu imponieren gewußt" (95).

Erzähler handlungsunfähig und immer mehr fasziniert

Die zahlreichen Erklärungs- und Rechfertigungsversuche seines Bleibens im Saal deuten allerdings darauf hin, dass er im Grunde verunsichert ist. Indem er sich nicht entschließt zu gehen bzw. sich entschließt nicht zu gehen, zeigt auch er Handlungsunfähigkeit und mangelnde Willensstärke – und dann eine zunehmende Faszination. Mit fortschreitender Dauer der Vorstellung, vor allem nach der Pause, ist auch ein wachsender Distanzverlust beim Erzähler zu spüren. Er gibt immer mehr seine Autonomie auf, was sich erzählerisch in einer gewissen Desorientiertheit äußert: „Ich habe vorgegriffen und die Reihenfolge ganz beiseite geworfen" (113).

Auch der rational erscheinende Intellektuelle ist verführbar

Die rationalen Erläuterungen weichen zunehmend fast hilflos anmutenden, emotionalen Beschreibungen, „Der arme Herr Angiolieri, still und kahl!" (116), oder ironischen Kommentaren, „dieser Brave wollte die Ehre des Menschengeschlechtes heraushauen" (117). Sein Verharren im Saal bis zum bitteren Ende, obwohl es im Interesse der Kinder gute Gründe zum Gehen gibt, seine wenig überzeugenden Erklärungen dieses Verhaltens zeigen bloß, dass auch der rational scheinende Intellektuelle verführbar ist. Und selbst wenn es an keiner Stelle zu einer direkten Konfrontation der Ratio mit dem Zauberer kommt, ist sein Verhalten und Scheitern vergleichbar mit den Entmündigungen, die durch Cipolla auf der Bühne stattfinden.

Tötung Cipollas durch Mario: finaler Akt des Widerstandes?

Bleibt Mario: Seine Tat, die Tötung Cipollas, könnte natürlich als finaler und auch erfolgreicher Akt des Widerstandes gewertet werden. Im Verhältnis zu den detaillierten Schilderungen zuvor bleibt seine Motivation, sein Handlungsantrieb aber merkwürdig unklar. Deutlich ist, dass Mario nicht in dem Maße wie das übrige

Mario scheint zunächst immun

Publikum beeindruckt von Cipollas Vorstellung ist, er wirkt auch kurz vor dem Ende fast unbeteiligt; er war, wie der Erzähler beobachtet hat, „den Darbietungen […] aufmerksam, aber ohne viel Heiterkeit und Gott weiß mit wieviel Verständnis gefolgt" (120). Auch gehorcht er nur sehr zögerlich Cipollas Winken, zu ihm zu kommen, gibt sehr zurückhaltend Auskunft über sich und flieht fast von der Bühne.

Demütigung Marios durch Vertauschen des Liebesobjekts

Vielleicht hat er Cipollas Wirkung widerstanden, weil seine Gedanken und Gefühle stark an ein anderes ‚Objekt', nämlich die von ihm geliebte Silvestra, gebunden sind. Dies könnte ihn immun machen gegen die Verführung des Zauberers. In dem Augenblick, als Cipolla sich dem jungen Mann unter Hypnose als eben jenes Liebesobjekt präsentiert, schwindet auch Marios innerer Widerstand, weil er sich am Ziel seiner Sehnsüchte fühlen muss. Der Augenblick größter Erfüllung fällt zusammen mit dem Augenblick tiefster Demütigung, was ihm zu spät bewusst wird. Er wird im eigentlichen Sinne des Wortes ent-täuscht und tötet Cipolla.

Marios Tat: ein politischer Tyrannenmord oder rein persönliche Motive

Es fällt schwer, dies (wie öfter geschehen) nur im engen politischen Sinn als Widerstand gegen den Diktator zu sehen: Tyrannenmord als gewaltsame und einzige Möglichkeit, sich des Führers zu entledigen. Es wäre ein ‚nachgeholter' Widerstand, dessen Gewaltsamkeit auch Marios Charakter eines schlichten, träumerischen, zurückhaltenden jungen Mannes widerspräche. Genauso gut kann Marios Tat als rein persönliche verstanden werden, als spontaner, verzweifelter Versuch, seine Würde und vielleicht auch die Silvestras, die er liebt, wiederherzustellen.

Ein alter Bekannter: der Künstler

Bild des Künstlers	
	→ Cipolla als dekadenter Künstler. → Überentwicklung des Geistes, Hybris; Nähe zum Verbrechertum. → Kalte Distanz zum Menschlichen, zum Leben. → Cipolla im Zustand der „Verhunzung" des Künstlertums (vgl. *Bruder Hitler*).

Die Erzählung *Mario und der Zauberer* ist nicht nur im historisch-politischen oder sozialpsychologischen Sinn die Darstellung eines faschistischen Demagogen und seines Volkes oder eines Führers und der ihm folgenden Masse, sondern handelt auch von einem der wichtigsten und grundlegenden Themen im Gesamtwerk Thomas Manns: dem Künstlertum und seinem schwierigen Verhältnis zum Leben.

Künstler und sein schwieriges Verhältnis zum Leben

Cipolla, der Zauberer, ist nämlich zuallererst ein Künstler, der eine Vorstellung gibt. Vom Erzähler wird er als „Unterhaltungskünstler" (86) angekündigt. Bevor das volle Ausmaß seines ganz speziellen Künstlertums deutlich wird, fällt bereits die Beschreibung seines Äußeren auf: Er ist hässlich, bucklig, seine Gesundheit scheint angegriffen und seine nachlassende Vitalität kann nur mittels unterstützender Drogen (Nikotin und Alkohol) befeuert werden. Diese körperliche Gebrechlichkeit, noch unterstrichen durch die merkwürdige Stillosigkeit seiner Kostümierung, lässt ihn wie jenen Künstlertyp der Dekadenz wirken, der uns immer wieder in Werken Thomas Manns begegnet. Dazu gehört auch die Lebensferne in Form der sexuellen Entbehrung, die in Cipollas eifersüchtig-gehässigem Sticheln gegen den vermutlichen Frauenliebling Giovanotto deutlich wird.

Cipolla als Künstler der Dekadenz

Das Degenerative seiner äußeren Gestalt kompensiert der Zauberer durch eine Überentwicklung des Geistes, das heißt, die Konzentration auf seine rhetorischen, hypnotischen, psychologischen Fähigkeiten, die die Bewunderung nicht nur des Publikums, sondern auch des Erzählers hervorrufen. Cipolla unterstreicht diese Fähigkeiten durch seine offensichtliche Arroganz und seine permanenten Selbstpreisungen, „in unbestimmten, anmaßenden und reklamehaften Ausdrücken" (104). Sein Auftritt erinnert auch immer wieder an den eines Hochstaplers: „Die Vermutung regte sich schon, daß der Mann unter falscher Flagge segelte; nur welches seine richtige war, blieb undeutlich" (96).

Konzentration auf die geistigen Fähigkeiten

Eine solche Nähe zu einer Art Verbrechertum klang schon in *Tonio Kröger* an, wenn Tonio Kröger zum Beispiel sagt, er hege gegen den Künstler einen Verdacht,

Künstler als Hochstapler

„den jeder meiner ehrenfesten Vorfahren droben in der engen Stadt irgend einem Gaukler und abenteuernden Artisten entgegengebracht hätte" (*Tonio Kröger*, 34); später wird er bei der Rückkehr in seine Heimatstadt ja selbst für einen Betrüger gehalten.

Tonio Kröger

Hier, in Thomas Manns früher Erzählung, findet sich ja auch die Beschreibung des Künstlers, der die größtmögliche Distanz zum Leben hält und der Tonio Kröger nicht sein will, nämlich der „das Außerordentliche und Dämonische als Ideal verehren mag" und „dessen letzte und tiefste Schwärmerei das Raffinierte, Excentrische und Satanische ist" (ebd.). In seiner kalten Egozentrik, seinem Narzissmus und der Überbetonung des Geistes repräsentiert der Zauberer Cipolla genau diesen Künstlertyp. Immer wieder nimmt er den Kampf mit dem Leben auf, verkörpert zum Beispiel in der Jugend, Vitalität oder Schönheit seiner ‚Opfer', und erlangt Genugtuung, Selbstbestätigung, höhnische Freude aus deren Unterwerfung unter seinen Willen. Er liebt die Menschen nicht.

Keine Liebe zu den Menschen

Cipolla: Parallelen zu *Bruder Hitler*

Im Jahre 1939, zehn Jahre nach der Entstehung von *Mario und der Zauberer*, hat Thomas Mann seinen Essay „Bruder Hitler" veröffentlicht. In dem Gebaren des deutschen Diktators, vom Autor als „Viertelskünstler" bezeichnet (Karl Pörnbacher: *Thomas Mann: Mario und der Zauberer*, 70), sieht Thomas Mann eine Art von Künstlertum, das er zutiefst verabscheut und „Wagnerisch, auf der Stufe der Verhunzung" (71) nennt. Wenn er die Erscheinungsformen dieses Künstlertums Hitlers beschreibt, wirkt dies in großen Teilen wie eine prägnante, nachträgliche Charakterisierung des Zauberers Cipolla und seines Auftrittes in der 1930 erschienenen Erzählung:

> „Dazu […] die Wut auf die Welt, der revolutionäre Instinkt, die unterbewußte Ansammlung explosiver Kompensationswünsche, das zäh arbeitende Bedürfnis, sich zu rechtfertigen, zu beweisen, der Drang zur Überwältigung, Unterwerfung, der Traum, eine in Angst, Liebe, Bewunderung, Scham vergehende Welt zu den Füßen des einst Verschmähten zu sehen …" (Pörnbacher, 71 f.).

Eine wichtige Aussage des Aufsatzes über Hitler ist aber ebenso, dass der Autor Thomas Mann diesen Künstler zwar verabscheut, ihn aber als „Charakter und Schicksal" auch „interessant" (69), sogar faszinierend findet – und sicher auch seiner eigenen, immer wieder als schwierig empfundenen Künstlerexistenz gefährlich nahe (daher wohl der etwas verstörende Titel des Essays). Diese Reaktion kann nun in der Erzählung *Mario und der Zauberer* in der Figur des Erzählers, dem Alter ego des Autors Thomas Mann, nachvollzogen werden. Bei aller zunächst ironischen Distanz ist auch der Erzähler immer stärker beeindruckt von den Künsten des Zauberers – die Faszination geht bis zur völligen Aufgabe jeglicher Aktivität und Initiative. Die Nähe, die Thomas Mann, repräsentiert durch seinen Erzähler, für sich zum erschreckenden Künstler Cipolla herstellt, ist durch den Titel der Novelle schon angedeutet: „Zauberer" wurde Thomas Mann innerhalb seiner Familie genannt.

Faszination des Erzählers (und des Autors) durch den Künstler

Figurenkonstellation

Mario

→ Spielt erst am Ende eine Rolle als letztes „Opfer" Cipollas. → Etwa 20 Jahre alt, Kellner; wirkt träumerisch, schwermütig, sympathisch. → Wird von Cipolla gedemütigt und erschießt ihn; für den Erzähler ein befreiendes Ende.	Mario

Als Erstgenanntem im Titel der Novelle scheint Mario eine der Hauptrollen in der Geschichte zuzukommen. Erst am Ende wird er dieser Lesererwartung gerecht; im größten Teil der Erzählung spielt er eine auffällig nebensächliche Rolle. Zu Beginn wird er vom Erzähler innerhalb seiner Beschreibung der Urlaubssituation kurz eingeführt und zugleich wieder aufs erzählerische Abstellgleis geschoben: „[…] wo Mario uns bediente, derselbe Mario, von dem ich dann gleich erzählen

Spielt erst eine nebensächliche Rolle

werde!“ (76). Dieses „gleich“ lässt auf sich warten – erst in einer weiteren Situationsbeschreibung, dem detaillierten Erzählerbericht über den Saalbau und das Publikum vor Beginn der Zaubervorstellung, taucht Mario wieder auf.

Im Publikum während der Vorstellung

Die aufgeregten Kinder des Erzählers haben ihn unter den Wartenden ausgemacht: „Sieh doch, da ist sogar Mario vom ‚Esquisito‘, Mario, der uns die Schokolade bringt!“ (88). An dieser Stelle klingt auch erstmals ein Ansatz einer individuellen Charakterisierung an, die auf eine gewisse träumerische Abwesenheit des jungen Mannes schließen lässt: „[...] aber er bemerkt uns nicht, er gibt nicht acht, das ist so seine Art, obgleich er ein Kellnerbursche ist“ (ebd.). Bei seinem nächsten Erscheinen innerhalb der Handlung – inzwischen in der Vorstellungspause – ist Mario aufmerksamer, er antwortet lächelnd auf den spielerischen Zuruf der Kinder. Vielsagend und vorausdeutend kommentiert der Erzähler: „Wir bekamen Gründe, dies freundliche und etwas zerstreutmelancholische Lächeln im Gedächtnis zu bewahren“ (111).

Höhepunkt und Wendepunkt: Mario wird auf die Bühne geholt

Der vierte Auftritt Marios ist gleichzeitig Höhe- und Wendepunkt sowie die Schlussszene der Novelle – und dieses Mal wird die Situation in zeitdeckender, wenn nicht zeitdehnender Genauigkeit und Ausführlichkeit vom Erzähler geschildert. Der Zauberer Cipolla befindet sich auf dem Gipfel seiner triumphalen Vorstellung, als er – sozusagen als letztes Opfer – Mario zu sich auf die Bühne winkt. Der Erzähler betont, dass Mario gezögert habe und auch vorher den Darbietungen ohne großen Eindruck gefolgt sei (vgl. 119 f.), jetzt aber Cipollas Aufforderung dann doch Folge leistet:

> „Das lag schon in seinem Beruf; und außerdem war es wohl eine seelische Unmöglichkeit, daß ein schlichter Bursche wie er dem Zeichen eines so im Erfolg thronenden Mannes, wie Cipolla es zu dieser Stunde war, hätte den Gehorsam verweigern sollen“ (120).

Durch diese Mutmaßung des Erzählers wird der Leser eigentlich darauf vorbereitet, dass Mario ein weiteres, nur zu willfähriges Opfer des Triumphators Cipolla und über kurz oder lang in das tanzende „Zappelkorps“ (123) auf der Bühne eingereiht werden wird.

Marios „primitive Schwermut“

Die sich anschließende, sehr genaue Charakterisierung des jungen Mannes durch den Erzähler, die sowohl seine äußere Erscheinung als auch Züge seines Wesens umfasst, verstärkt noch diese Erwartung, dass Mario Cipolla nicht gewachsen sein wird. Das Aussehen des etwa zwanzigjährigen Kellners, mit den „zu schweren Lidern über den Augen“, den „Wulstlippen“ (120), erwecken beim Erzähler den Eindruck einer „primitive[n] Schwermut“ (ebd.), die ihn gleichwohl sehr sympathisch macht. Ebenso seine „träumerische, leicht in Geistesabwesenheit sich verlierende Art“ (ebd.), seine Freundlichkeit, die nicht gewollt ist, sein Verzicht auf künstliche Liebenswürdigkeit und die Abwesenheit jeglicher Gefallsucht. Alle diese Eigenschaften haben ihn nicht nur für den Erzähler und seine Familie besonders erinnerungswert gemacht, sondern stehen auch in krassem Gegensatz zur Figur Cipollas.

Cipolla treibt sein Spiel mit Mario

Auf der Bühne wird Mario nach und nach in Cipollas teuflisches Spiel hineingezogen; zunächst muss er – wie viele andere vor ihm – den gemäßigten Spott des Zauberers über seinen (Marios) antiken Namen, seine Kleidung, seinen angenommenen Erfolg bei den Frauen hinnehmen. Der Spott verschärft sich, „zum Gaudium des Publikums“ (122), als Cipolla den sicherlich mit den mythologischen Anspielungen unvertrauten Mario als „Ganymed“ bezeichnet, ihn also mit dem schönen Jüngling vergleicht, der Mundschenk und Liebhaber des Gottes Zeus war. Hier ist es vor allem die homoerotische Anspielung, die Cipollas spätere ‚Verführung‘ Marios vorwegnimmt. Der junge Mann spielt zunächst mit, eher gleichmütig, dann sogar lächelnd.

Erst als der Zauberer (mit Hilfe von Marios wahrscheinlichem Nebenbuhler Giovanotto) seinen wunden Punkt, seinen Liebeskummer, errät, zeigt Mario heftige Ablehnung, will sogar von der Bühne fliehen. Nachdem Cipolla auch noch den Namen von Marios Liebe, Silvestra, erfahren hat, beginnt er mit der Hypnose des jungen Mannes, auf deren Höhepunkt er sich von diesem küssen lässt.

Mario küsst Cipolla unter Hypnose

Der Erzähler, der schon vorher Marios Empfänglichkeit erwähnt hat („Er schien seine Lage und das Publikum vergessen zu haben“, 124), beschreibt mitleidig den Anblick des überwältigten Jungen in seiner größten Demütigung: „[D]as war eine Preisgabe des Innigsten, die öffentliche Ausstellung verzagter und wahnhaft beseligter Leidenschaft“ (125).

Marios „Glück“ ist zugleich für die Zuschauer erkennbar perfekte „Illusion“ (ebd.) – als dieser Illusionscharakter auch Mario ins von Cipolla wieder erweckte Bewusstsein dringt, ist das der Auslöser für die schon mehrfach angekündigte Katastrophe. An der Körpersprache Marios (vgl. 126) werden sein tiefes Entsetzen und seine Scham deutlich; seine Tat, die Schüsse auf Cipolla, ist (vor allem auch in ihrer übertragenen Bedeutung) nicht mit letzter Bestimmtheit und Ausschließlichkeit zu deuten. Die Motivation hat viele Facetten:

Marios Motive sind mehrdeutig

- Rache für die Bloßstellung und Verwirrung seiner Gefühle,
- Wiederherstellung seiner und auch Silvestras Würde,
- späte Behauptung seines Eigenwillens bzw. seiner Selbstbestimmung gegenüber den auf Selbstverlust zielenden Machenschaften des Hypnotiseurs,
- Auflehnung des Menschlichen gegen das Dämonische.

Für den Erzähler ist Marios Tat die stellvertretende Befreiung von Cipolla

Und selbst wenn die Tat ins Politische überhöht wird – Auflehnung gegen den Diktator, gewaltsame Beseitigung des Tyrannen –, am eindrücklichsten bleibt die Tatsache, dass der Erzähler die Tat nicht verurteilt, sie überhaupt nicht im strafrechtlichen Sinne betrachtet (das Erscheinen der Karabiniere wird nur kurz erwähnt, auch wird nichts über Marios Schicksal bekannt), sondern sie als „befreiendes Ende“ (127) sieht. In diesem Sinne erfüllt Mario hauptsächlich eine Stellvertreterfunktion: Für den Erzähler hat er das getan, was alle, einschließlich des in Passivität verharrenden Erzählers, schon längst hätten tun sollen, nämlich der Situation ein Ende zu bereiten und sich vom Einfluss Cipollas zu befreien.

Cipolla

	Cipolla
➞ Persönlichkeit mit vielen Facetten („Zwiebel"!). ➞ Zu Beginn verwirrendes Auftreten. ➞ Hässlich, verwachsen, altmodische und unpassende Kleidung. ➞ Redegewandt, kommuniziert ständig mit dem Publikum; selbstgewiss und überheblich. ➞ Einziger Zweck seines Auftritts: Willensentzug und -aufnötigung durch Hypnose. ➞ Hilfsmittel: Alkohol und Reitpeitsche. ➞ Geht in der Demütigung Marios zu weit, wird durch diesen getötet.	

Cipolla als Hauptfigur

Die zweite im Titel genannte Figur ist in der Tat eine Hauptfigur. Der Zauberer, der am Ende des ersten Teils angekündigt wird, trägt den sprechenden Namen Cipolla (dt. Zwiebel) – und in der Tat werden wie bei einer Zwiebel nach und nach die verschiedenen Seiten seiner Persönlichkeit freigelegt, einer Persönlichkeit ohne einen entscheidenden Kern: Menschlichkeit. Die Berufsbezeichnungen in seiner Ankündigung, „Forzatore, Illusionista und Prestidigitatore" (86, dt. Kraftmensch, Zauberer und Taschenspieler), sind wenig geeignet, eine klare Auskunft über die zu erwartende Vorstellung zu geben. Diese Verwirrung wird nach den anfänglichen Handlungen Cipollas, die in die erste Hypnose Giovanottos münden, noch verstärkt: „Übrigens war klar, daß die Leute nicht wußten, was sie aus einer so ungereimten Eröffnung einer Taschenspielersoiree machen sollten" (93). Zuvor hat der Zauberer durch zeitliche Verzögerung seines Auftritts das Publikum in zusätzliche Spannung versetzt und nach seinem Erscheinen durch stummes Stehen, Umherblicken und Rauchen diese Spannung bis zur Provokation gesteigert, was dann auch prompt zur offensichtlich höchst willkommenen Reaktion Giovanottos führt. Schon hier wird deutlich, wie sehr Cipolla den Abend orchestriert und sein Publikum beherrscht.

Am Anfang der Vorstellung kein klares Bild

Hässlichkeit Cipollas

Der Erzähler beschreibt den Zauberer an verschiedenen Stellen ausführlich, zum Beispiel sein hässliches, krankhaft-degeneriertes Äußeres mit den „stechenden Augen" (90), den „schadhaft abgenutzten, spitzigen Zähnen"

(91) und dem „Hüft- und Gesäßbuckel“ (96): ein Bild des dekadenten Künstlers. Cipollas ausgefallene, uneinheitliche, keinesfalls von hoher gesellschaftlicher Stellung zeugende Kleidung sowie das permanente Rauchen billigster Zigaretten und die nach und nach deutlich werdende Abhängigkeit vom Cognac tragen weiter zu dem abstoßenden Gesamtbild bei.

Cipollas brillante Rhetorik

Am auffälligsten ist aber die – seine Hässlichkeit und sein körperliches Zukurzgekommensein in gewisser Hinsicht kompensierende – Redegewandtheit, die ebendiese physischen Beeinträchtigungen thematisiert und damit gleichsam wirkungslos macht: „Übrigens war der Unzuträglichkeit durch ihre Erwähnung gleichsam die Spitze abgebrochen worden, und zivilisiertes Feingefühl beherrschte […] spürbar den Saal“ (96). Der Zauberer sucht von Anfang an die permanente Kommunikation mit dem Publikum, er lässt nicht nach in seinen Reden, wobei er dosiert Schmeichelei, Spott und Konfrontation einsetzt, um alle Teile seines Publikums zu fesseln.

Cipolla kein eindeutig faschistischer Charakter

Dabei fällt es schwer, in ihm (wie oft geschehen) einen eindeutig faschistischen Charakter zu sehen. Er ist keine einheitliche Persönlichkeit, sondern verfügt über eine Vielzahl von Rollen, in denen er agiert und so die anfänglich noch zu differenzierenden Zuschauer und Mitspieler nach und nach zu einer ihm gehorchenden Einheit macht. So führt er einerseits patriotische Reden, erwähnt den Bruder des Duce – und stellt sich andererseits in offene Gegnerschaft zu Giovanotto mit dem schwarzen Kraushaar, der „Modefrisur des erweckten Vaterlandes“ (92). Er spricht angesichts der nicht schreiben könnenden jungen Burschen vom Italien, „dessen Größe der Unwissenheit und Finsternis keinen Raum bietet“ (98) – um andererseits den Colonnello daran zu hindern, den Arm zum Gruß zu heben oder eben jenen römischen Gruß (Zeichen der Faschisten) im Gespräch mit Mario zweimal zu karikieren.

Virtuos aktiviert Cipolla bei seinen Versuchspersonen, zum Beispiel Signora Angiolieri und natürlich auch Mario, Situationen und Beziehungen von Bedeutung, um diese dann für seine Zwecke des Willensentzuges zu nutzen. Sein wichtigstes Utensil (neben den zur Erhaltung seiner Kraft wichtigen Drogen Nikotin und Alkohol) ist die Reitpeitsche mit dem Klauengriff, das „beleidigende Symbol seiner Herrschaft", die „pfeifende Fuchtel" (113). Sie ist augenfälliges Symbol für Cipollas sadistische Züge: Er genießt es, sein Publikum zu demütigen und zu unterwerfen, ja, er braucht diese Unterwerfung (und damit generell das Publikum) zur Stärkung seiner narzisstischen Persönlichkeit. Dabei kann er auf vorhandene masochistische Bedürfnisse im Publikum setzen, wenn zum Beispiel über den besonders empfänglichen Jüngling gesagt wird: „Auch schien er in der Hörigkeit sich ganz zu behagen und seine armselige Selbstbestimmung gern los zu sein" (116). Umgekehrt zeigt auch Cipolla masochistische Züge, wenn er sich als Ausführender eines Gemeinschaftswillens ausgibt oder behauptet, nicht der brettstarre Jüngling, auf dem er sitzt, sondern er selbst leide.

Herrschaftssymbol: Peitsche

Sadismus und Masochismus

Zu seinem selbstgefälligen und arroganten Charakter gehört, dass der Zauberer sein Publikum an keiner Stelle über seine Absichten im Unklaren lässt. Die ununterbrochene Rede beinhaltet nicht nur Selbstpreisungen, sondern auch seine ganz persönliche permanente, wenn auch umschreibende Aufklärung der Untergebenen über sein wahres Ziel, das der Erzähler später als „Demonstration der Willensentziehung und -aufnötigung" (112) beschreibt:

Cipolla verhehlt seine Absichten nicht

> „Übrigens sorgte Cipolla selbst dafür, daß der Charakter seiner Künste jedem irgendwie Wissenden unzweifelhaft wurde, freilich ohne daß ein Name, ein Terminus fiel" (104).

Immer wieder betont er dabei seine Selbstüberzeugung, zum Erfolg zu kommen, verunsichert damit die Zweifelnden und Widerständigen: „‚Sie werden mir […] damit meine Aufgabe etwas erschweren. An dem Ergebnis wird Ihr Widerstand nichts ändern'" (105). So kommt es zu der paradoxen Situation, dass das Publikum für den Zauberer offenkundig keinerlei Sympathie empfindet, von dessen Leistungen, verbunden mit der Kraft durch Alkohol und die Peitsche, gleichwohl fasziniert und am Ende berauscht ist.

Scheitern am Ende selbstverschuldet

Auch das Scheitern Cipollas am Ende ist von ihm selbst herbeigeführt: Er geht zu weit. Auf dem Höhepunkt seiner Macht mag seine Kraft oder auch seine Konzentration nachlassen (er sitzt „in lässiger Haltung", blickt „lachend" ins Publikum, 119); wohl will er auch in dem jungen Mario noch ein besonders harmloses Opfer vorführen. Die schon vorher so oft gezeigte Hypnose bekommt an dieser Stelle noch eine eindeutig sexuelle, homoerotische Komponente. Schon früh am Abend fallen dem Erzähler an Cipolla Zeichen von dessen sexuellem Entzug, von eifersüchtigem Neid auf die jungen, schönen Männer im Publikum auf. So stichelt der hässliche Zauberer gegen Giovanotto, bezeichnet ihn zweideutig als „Türmer der Venus" (99). Auch der junge Herr „mit stolz geschnittenem Gesicht" (105) gehört zu seinen bevorzugten Opfern. Im Falle der Signora Angiolieri nutzt er die Suggestion auch als Demonstration seiner sexuellen Überlegenheit gegenüber ihrem Mann.

Cipollas latente Homoerotik

Marios Demütigung geht zu weit, kann nur durch dessen Aggressivität beantwortet werden

Im Falle Marios geht Cipolla aber noch weiter: Er erschleicht sich sozusagen die Zärtlichkeit, instrumentalisiert Marios zweifellos vorhandenen erotischen Wünsche für seine eigene Befriedigung. So kommt es zu der „traurigen und skurrilen Vereinigung von Marios Lippen mit dem abscheulichen Fleisch, das sich seiner Zärtlichkeit unterschob" (125). Cipolla hat die empfindlichste Grenze der individuellen Persönlichkeit missachtet, die Scham und tiefste Verletzung seines Opfers Mario kann nur noch durch Aggressivität kompensiert werden und richtet sich gegen den Erzeuger der Illusion. Die Beschreibung des toten Cipolla am Ende reflektiert die hilflose Verachtung und die beginnende Distanzierung des Erzählers von dem Verführer, die gleichwohl nicht seiner eigenen entschlossenen Handlungsweise oder den Widerständen des Publikums, sondern der Tat eines Einzelnen geschuldet ist:

> „Er […] sackte im nächsten Augenblick mit auf die Brust kugelndem Kopf auf den Sitz zurück und fiel im übernächsten seitlich davon herunter, zu Boden, wo er liegen blieb, reglos, ein durcheinandergeworfenes Bündel Kleider und schiefer Knochen" (126).

Der Erzähler

Der Erzähler
→ Ich-Erzähler, zugleich Handelnder und rückblickender Berichterstatter. → Lässt keinen Zweifel an seinem Unbehagen über das Erlebte: leidet an der Atmosphäre und den Unannehmlichkeiten im Hotel und am Strand. → Bleibt passiv, kann sich nicht zur Abreise entschließen. → Hat während der Vorstellung zunächst die Rolle des kritischen Beobachters, ist dann zunehmend fasziniert von Cipollas Tun. → Wird erst durch Marios Tat „befreit".

Erzähler als zweite Hauptfigur

Der Erzähler in *Mario und der Zauberer* ist immer präsent, nicht nur als Teil der Handlung, sondern auch als rückblickend Kommentierender und Reflektierender. Im Grunde ist er und nicht Mario die zweite Hauptfigur in der Novelle – und wenn man ihn einerseits auch als Gegner Cipollas bezeichnen kann, so wird dieses allzu vereinfachte Verhältnis nicht ganz zufriedenstellen.

Vorankündigung des katastrophalen Endes

Von Anfang an lässt der Erzähler keinen Zweifel an der ihn belastenden Geschichte aufkommen und relativiert somit jegliche Spannung beim Leser. Es ist bereits von einem „Ende mit Schrecken", sogar von einer „Katastrophe" (74) die Rede. Informationen über ihn und seine Familie (ein Deutscher, der mit Ehefrau und zwei Kindern Ferien in einem italienischen Badeort verbringt) müssen en passant erschlossen oder auch nur erraten werden. Wichtiger ist, dass der Leser anhand der Erzählweise vieles über Charaktereigenschaften und innere Entwicklung des Erzählenden erfährt. Dabei spricht dieser zwar häufig von „wir", womit wohl das Elternpaar gemeint ist, die Frau kommt als eigenständige Figur allerdings nie vor, lediglich einmal wird sie überhaupt als Person erwähnt, als von der Pause der Vorstellung berichtet wird: „Sie [die Kinder] schliefen auf unseren Knien, die Kleine auf den meinen, der Junge auf denen der Mutter" (110). Es ist davon auszugehen, dass allein seine Gedanken und Beurteilungen wichtig sind – eine Egozentrik, die er mit Cipolla teilt.

Unbehagen und Missfallen über Ereignisse in Torre

Im ersten Teil tut der Erzähler alles, um dem Leser sein Unbehagen, sein Missfallen, auch seinen Zorn über die Situation in Torre di Venere spüren zu lassen. Nichts gefällt ihm so recht: die Fülle, der Lärm, die Hitze. Am meisten empört ihn die ungerechte Behandlung im Grand Hotel durch den Manager, der ganz offensichtlich die italienische Kundschaft bevorzugt. Der Erzähler setzt seine Empörung aber nur bedingt in Gegenwehr und offene Kritik um. Beim ersten Mal verzichtet er ganz auf Klarstellung, beim zweiten Mal weicht er mit seiner Familie der weiteren Konfrontation nach dem für ihn günstigen Urteil des Doktors durch den Umzug in eine Privatpension aus. Sein Widerstand spielt sich nur im Geiste ab: „[I]ch persönlich gestehe, daß ich schwer über solche Zusammenstöße mit dem landläufig Menschlichen, dem naiven Mißbrauch der Macht, der Ungerechtigkeit, der kriecherischen Korruption hinwegkomme“ (79).

Passivität

Sein Gerechtigkeitssinn bleibt aber stumm, stattdessen wird seine Urlaubsstimmung beeinträchtigt. Am Strand ergeben sich für den Erzähler weitere Situationen, die die unschöne Atmosphäre noch verschlimmern: der grässliche Fuggièro, die politisierten Kinder, chauvinistische Erwachsene und als Gipfel die moralisierende Strafpredigt nebst Geldbuße anlässlich der unschuldigen Nacktheit seiner kleinen Tochter. Dabei wird aber auch deutlich, dass er Eigenschaften, die er an den italienischen Einheimischen kritisiert, durchaus selbst zeigt: Es zeugt von nationaler Arroganz und auch Intoleranz, wenn er von „menschlicher Mediokrität und bürgerlichem Kroppzeug“ (81) unter der italienischen Strandbevölkerung spricht. Mit unverhohlener nordischer Herablassung urteilt er über Sonne und hochsommerliches Klima: „Aber nach einer Weile, ich kann mir nicht helfen, werde ich leicht dahin gebracht, es stumpfsinnig zu finden“ (80).

Erzähler wirkt selbst arrogant und intolerant

Keine überzeugende Rechtfertigung für sein Bleiben

All dies führt zu der Frage, warum der Erzähler nicht die einzig sinnvolle Konsequenz gezogen hat: die Abreise. Seine Begründung, im Sinne einer Rechtfertigung, wirkt fast ein wenig fadenscheinig – der Aufenthalt sei „merkwürdig“ (85) geworden, was einen Wert an sich bedeute. Äußere Umstände, wie die Sympathiebekundungen anderer Gäste, der Beginn der Nachsaison, die langsame Beruhigung des Lebens, kommen hinzu. Insgesamt entsteht aber schon in diesem ersten Teil von dem Erzähler der Eindruck einer eigenartigen Passivität, gemischt mit einer gewissen Neugier und ungewollten Faszination, die wohl weitere Beobachtungen erforderlich macht.

In der Vorstellung zunächst distanzierter Beobachter

Diese Rolle des Beobachters übernimmt der Erzähler zu Beginn des zweiten Teils, der Zaubervorstellung. Ausführlich, detailverliebt und zugleich wertend beschreibt er nacheinander die Örtlichkeiten, die verschiedenen sozialen Gruppen im Publikum und schließlich den Zauberer selbst. Dabei wirkt er distanziert und sachlich-kühl. Diese Haltung ändert sich langsam, fast unmerklich, aber stetig. Ein kleines Detail markiert den Anfang; nachdem Cipolla Giovanotto das erste Mal in die Schranken gewiesen hat, erwähnt der Erzähler: „[...] und ich erinnere mich, daß ich unwillkürlich mit den Lippen leise das Geräusch nachahmte, mit dem Cipolla seine Reitpeitsche hatte durch die Luft fahren lassen“ (93).

Beginnender Distanzverlust

Dies ist der Beginn des zunehmenden Distanzverlustes des Erzählers während der Vorstellung, er gibt immer mehr die Position des Außenstehenden, unbeteiligt Beobachtenden auf. Dabei wird er nicht vom Zauberer direkt an dessen Vorführungen beteiligt (er gehört schließlich zu dem Teil des Publikums, das der Stratege Cipolla wohlweislich nicht behelligt), aber seine innere Beteiligung wächst. Dies wird deutlich durch seine immer wieder eingestreuten Kommentierungen und Reflexionen, die seine starke emotionale Beschäftigung mit dem Geschehen und auch seine steigende Bewunderung für den Zauberer spiegeln. Der Erzähler äußert zwar rational begründete, fast schon herablassende Kritik, spricht von „neugierig-verächtlichen und kopfschüttelnden Einblicke[n] in den zweideutig-unsauberen und unentwirrbaren Charakter des Okkulten“ (106) – nur um kurz darauf entschuldigend zu relativieren: „Ich sage nur, daß alle Verhältnisse natürlich sich verstärken, der Eindruck nach jeder Seite an Tiefe gewinnt, wenn ein Cipolla Leiter und Hauptakteur des dunklen Spieles ist“ (ebd.).

Steigende Bewunderung für den Zauberer

Beharrlichkeit der Kinder als Entschuldigung für sein Bleiben

Die ganze Zeit ist der Erzähler sich auch seiner Verpflichtungen als Vater bewusst, räsoniert ausführlich (und in Steigerung seiner Argumente aus dem ersten Teil) über seinen bzw. der Eltern Verbleib in der Vorstellung, obwohl deutlich ist, „daß dies gar nichts für Kinder war" (103). Wenn er und seine Frau schließlich in der Vorstellung bleiben – trotz der Erkenntnis, dass sie der Kinder wegen eigentlich gehen müssten – so ist das parallel zu sehen zu den aktiven Demonstrationen der „Willensentziehung und -aufnötigung" (112), die Cipolla mit anderen Teilnehmern auf der Bühne veranstaltet. Und obwohl zwischen dem Erzähler und dem Zauberer nie eine solche direkte Konfrontation stattfindet, hat der Erzähler damit nicht nur seine Distanz, sondern auch seine Autonomie verloren, wird zu einem Mitglied der Masse, des unterworfenen Publikums.

Verlust der Integrität

Dies spiegelt sich auch sprachlich im letzten Teil der Erzählung, wo dem Erzähler zusehends die Struktur seines Berichtes verlorengeht: „Ich habe vorgegriffen und die Reihenfolge ganz beiseite geworfen" (113). Er erzählt nicht mehr chronologisch, sondern greift heraus, vor und zurück. Seine Wortwahl, besonders im Hinblick auf Cipolla und sein Wirken, verliert weiter die Aura der Sachlichkeit, wirkt emotional-übertrieben, emphatisch, teils verwirrend widersprüchlich, was die ganze Irrationalität der Erfahrungen verdeutlicht. So spricht er von Einblicken „vom Unscheinbaren bis zum Ungeheuerlichen" (112), vom „natürlich-unheimliche[n] Feld" (ebd.), von Cipolla als dem „Unhold [...] im Salonrock" (113), „Meister" (115, 118), „Herr[n] des Abends" (119). Auch seine Reflexionen und Rechtfertigungen im Hinblick auf seinen Verbleib und die Anwesenheit der Kinder gibt er vollständig auf:

> „Hier war nicht gut sein, für sie am wenigsten, und daß wir sie immer noch nicht fortgeschafft hatten, kann ich mir nur mit einer gewissen Ansteckung durch die allgemeine Fahrlässigkeit erklären, von der zu dieser Nachtstunde auch wir ergriffen waren. Es war nun schon alles einerlei" (119).

Dies ist eine schwache Entschuldigung und die endgültige Kapitulation vor Cipolla und der von ihm geschaffenen rauschhaften Stimmung im Saal.

Auch die detaillierte und emotional beteiligte Art, wie er am Ende der Erzählung (und trotz des zeitlichen Abstands) die Verzauberung Marios wiedergibt, zeigt das vollkommene Gefangensein des Erzählers von der Situation: „Der Augenblick war grotesk, ungeheuerlich und spannend" (125). Insgesamt relativiert sich also die Auffassung vom Erzähler als dem Antagonisten Cipollas; vielmehr zeugt es von ehrlicher, wenn auch schmerzhafter Selbstreflexion, dass er das katastrophale Ende als Befreiung von dem dämonischen Zauberer empfindet.

Intensität der Faszination erst durch Marios Tat beendet

Die Kinder

Die Kinder

- Kinder des Erzählers: unschuldig, offen, spontan, neugierig; stehen modellhaft für die rückhaltlose Begeisterung für den Zauberer.
- Fuggièro: abstoßender, böswilliger Junge am Strand; ist die Verkörperung der unangenehmen, unnatürlichen Stimmung am Strand; Vorläufer Cipollas.

In der Erzählung spielen verschiedene Kinder eine wichtige Rolle. Da sind zunächst die Kinder des Erzählers. Sie sind die Prototypen unschuldig-natürlicher, ungezwungener und neugierig-erforschender Menschen, zeigen Herzlichkeit und Offenheit auch gegenüber den Fremden und kennen keinerlei nationale Schranken. Ihr gutes Verhältnis zum einheimischen „Volk", den Hotelangestellten, Fischern, Bootsverleihern wird immer wieder betont. Umso mehr leiden sie unter den chauvinistischen Verhaltensweisen der anderen Kinder und den für sie unverständlichen Aktionen der Erwachsenen wie dem moralisierenden Herrn am Strand. Dieses muss ihnen von der Eltern als eine Art „Krankheit" (82) erklärt werden. Die Kinder vergessen aber auch schnell, sind nicht so nachtragend wie ihr sich beständig ärgernder Vater, verwinden schnell, dass sie im Hotel nicht auf der Veranda sitzen dürfen, und wenden sich in ihrer Spontanität anderen Dingen zu: „[...] die Kinder, sofort befreundet mit Kellnern und Pagen, von Meereslust ergriffen, hatten sich jene farbige Lockung sehr bald aus dem Sinn geschlagen" (77).

Erzählerkinder spontan, offen, neugierig

Ankündigung des Zauberers erweckt ihre Neugier

Die Ankündigung des Zauberkünstlers elektrisiert die Kleinen; ihre natürliche Neugier und Abenteuerlust, ihr Drang nach Aktivität und Neuentdeckungen werden sofort angesprochen, so dass sie mit großer Hartnäckigkeit ihr Ziel, den Besuch der Zaubervorstellung, verfolgen. Dabei treffen sie bei ihren Eltern, die in einer gewissen lähmenden Passivität zu verharren scheinen, auf keinen großen Widerstand.

Während der Vorstellung rückhaltlose Begeisterung

Während der Vorstellung werden die Kinder in ihren Reaktionen ungewollt zu einem Modell für die schrankenlose Begeisterung für den Zauberer und somit die totale Vereinnahmung durch den Führer der Massen. Dieses Modellhafte wird umso erschreckender, als klar ist, dass die Kinder ja die wahre Natur von Cipollas Darbietungen gar nicht verstehen, ihre Ratio also gar nicht einsetzen kann, und sie nur auf den äußeren Schein, sozusagen die künstlerische Präsentation, die Ästhetisierung der Macht reagieren und ‚hereinfallen'. „Die Kinder waren überwältigt" (103). „Ihre Unschuld entzückte sich immer wieder aufs neue an der außerordentlichen Erlaubnis, einem solchen Spektakel […] beizuwohnen" (119). Diese Unschuld erspart ihnen andererseits, die Tragweite des Endes zu verstehen; sie bleiben in der Auffassung verhaftet (und werden von den Eltern auch darin bestärkt), einzig einem Schauspiel beigewohnt zu haben.

Verständnis für den wahren Charakter der Vorstellung fehlt

Kinder als Handlungsauslöser

Innerhalb des Handlungsaufbaus haben die Kinder die Funktion von Katalysatoren, das heißt, sie sind immer wieder an wichtigen Stellen des Handlungsverlaufs Auslöser für einzelne Handlungsschritte. Im Hotel führt ihr Wunsch, auf der Veranda mit den bunten Lämpchen zu sitzen, zur ersten Zurücksetzung durch den Manager. Die Reste eines Keuchhustens der Kleinen erschreckt eine italienische Fürstin im Hotel, was zum zweiten Eklat und letzten Endes zum Umzug in die Pension führt. Die Nacktheit der kleinen Tochter am Strand ruft die patriotischen Moralwächter auf den Plan. Ihr Wunsch, den Zauberer zu sehen, veranlasst die Eltern überhaupt erst, Karten für Cipollas Auftritt zu besorgen. Die Begeisterung und das Drängen der Kinder zwingt die Eltern dazu, bis zum Ende in der Vorstellung zu bleiben, wobei deutlich ist, dass dies dem Erzähler, der längst seiner eigenen Faszination unterliegt, durchaus als willkommener Vorwand und Entschuldigung für sein passives Verhalten dient.

Einheimische Kinder verhalten sich unnatürlich

Die einheimischen Kinder am Strand haben ihre Natürlichkeit und Unschuld verloren, zeichnen sich durch rätselhafte, für Kinder untypische Verhaltensweisen und patriotische Redensarten aus. Sie grenzen sich von den enttäuschten Kindern des Erzählers ab und werden dabei auch noch von einheimischen Erwachsenen unterstützt. Ein zwölfjähriger Junge, Fuggièro, erweist sich dabei als Meinungsführer. Der Erzähler beschreibt ihn als „abscheulichen Jungen mit ekelerregender Sonnenbrandwunde zwischen den Schultern" (81) und spricht von dessen „Widerspenstigkeit, Unart und Bosheit" (ebd.). Anhand von Fuggièros Verhalten in der Episode mit dem kleinen Taschenkrebs, der ihn in die Zehe zwickt, begründet der Erzähler sein harsches Urteil. Der Junge, anscheinend feige, überempfindlich und geltungssüchtig, erhebt in völliger Übertreibung des kleinen Missgeschicks ein „antikische[s] Heldenjammergeschrei" (ebd.) und lässt sich weder von fürsorglichen Erwachsenen trösten noch von dem geradlinigen, fachmännisch urteilenden Arzt von der Harmlosigkeit überzeugen. Stattdessen nutzt er – unter Einbeziehung einer nur zu willigen erwachsenen Gefolgschaft – das Ereignis für eine große Inszenierung des Leidens und wird auf einer Bahre fortgetragen. Der Erzähler vergisst nicht zu erwähnen, dass der Knabe am nächsten Tag mit unverminderter Hinterhältigkeit seine grausamen Strandspielchen (die Zerstörung der Sandbauten anderer Kinder) fortsetzt.

Fuggièro als Meinungsführer

Fuggièros Verhalten als Vorbereitung von Cipollas Auftritt

Wenn der Erzähler zusammenfasst: „Dabei gehörte dieser Zwölfjährige zu den Hauptträgern einer öffentlichen Stimmung, die, schwer greifbar in der Luft liegend, uns einen so lieben Aufenthalt als nicht geheuer verleiden wollte." (82), dann drückt er damit nicht nur seine tiefe Abneigung gegen Fuggièro aus, sondern legt auch bereits eine Verbindung an zum zweiten Teil seiner Erzählung, dem Auftritt des Zauberers. Die abstoßende Hässlichkeit, die Selbstsüchtigkeit und das Geltungsbedürfnis, die Grausamkeit gegenüber anderen, das Ignorieren der

Rationalität, der „Zulauf von allen Seiten" (81) – Fuggièro wirkt hier wie eine Vorstufe Cipollas, ein Cipolla im Kleinen, seine ‚Vorstellung' wie eine Vorwegnahme des Auftritts des großen Zauberers.

Darstellung

Aufbau und Strukturmerkmale

Aufbau und Strukturmerkmale	
	→ Novellenform: unerhörte Begebenheit, Allgemeingültigkeit der Ereignisse, Handlung einsträngig auf Höhepunkt hin konzipiert, Nähe zum Drama, Leitmotive und Dingsymbol. → Sich steigernde Handlung in Zweierschritten. → Verhältnis Erzählzeit zu erzählter Zeit kehrt sich im zweiten Teil um. → Leitmotivische Verknüpfungen, z. B. Personen, Reflexionen des Erzählers, Atmosphäre.

Kriterien für Novelle erfüllt

Im Gegensatz zu *Tonio Kröger* erfüllt die Erzählung *Mario und der Zauberer* eine Reihe von Kriterien der Novellenform. Die Definition Goethes, eine Novelle sei die Darstellung einer „sich ereigneten unerhörten Begebenheit", kann ohne Weiteres auf die *Mario*-Erzählung übertragen und auf Cipollas gesamten Auftritt bzw. den dramatischen Schluss, Marios Verführung und Tat angewendet werden.

Symbolcharakter

Es wird ein real vorstellbares Ereignis oder besser, eine Folge von aufeinander bezogenen Ereignissen dargestellt, die über den individuellen Charakter hinaus Allgemeingültigkeit und Symbolcharakter beanspruchen: Cipollas Auftritt ist nicht nur die Verführung der Zuschauer im Saalbau in Torre di Venere, sondern auch ein Bild für die Vereinheitlichung einer Menge, eine Massenbildung unter der Anleitung eines willensstarken Führers.

Einsträngige Handlung

Die Handlung ist einsträngig und wird im Großen und Ganzen chronologisch auf den Höhe- und Wendepunkt hin erzählt. Der Einleitung und dem Bericht über den ersten Teil des Ferienaufenthaltes folgt der zweite Teil mit der Beschreibung der Abendvorstellung, die in dem oben schon zitierten tragischen Ereignis mündet.

Nähe zum Drama

Damit weist diese Erzählung – gemäß eines weiteren Novellenkriteriums – eine geschlossene Form und eine Nähe zum Drama auf. Auf eine Exposition, in der bereits wichtige Figuren und Themen angesprochen werden, folgen eine kontinuierliche, ab und zu durch retardierende Momente (zum Beispiel die Reflexionen des Erzählers) unterbrochene Steigerung von Spannung, der Aufbau eines Konfliktes, der Umschlag in die Katastrophe, der Untergang.

Cipollas Reitpeitsche als Dingsymbol

Bestimmte Vorausdeutungstechniken wie Leitmotive oder Dingsymbole kennzeichnen die Struktur der Novelle. Hier können u.a. die Beschreibung des Wetters und der Atmosphäre erwähnt werden. Ein Dingsymbol im Sinne von Paul Heyses klassischer Falken-Theorie ist Cipollas Reitpeitsche mit dem Klauengriff. Als Zeichen von Cipollas gewaltsamer Machtausübung auf der einen und der Willensaufgabe und Unterwerfung der Menge auf der anderen Seite bildet sie ein immer und an entscheidenden Stellen wiederkehrendes Motiv von besonderer Eindringlichkeit.

Text besteht aus zwei Teilen

Die Tektonik der Erzählung wird durch eine kunstvolle Mischung von Doppelung und Steigerung bestimmt. Wie schon mehrfach erwähnt, besteht der Text aus zwei Teilen, von denen der erste, die Beschreibung des größten Teils des Urlaubs mit den Hotel- und Strandepisoden, weniger als ein Drittel und der zweite Teil, die Ankündigung Cipollas und die Schilderung der mehrstündigen Abendvorstellung, etwas mehr als zwei Drittel umfasst. Schon dies ist ein deutliches Zeichen für das ‚Schwergewicht' des Zauberer-Ereignisses. Entsprechend verändert sich natürlich auch das Verhältnis von Erzählzeit zu erzählter Zeit. Während im ersten Teil der Erzählerbericht in Zeitraffung dominiert, kehrt sich die Relation im zweiten Teil um. Hier dominiert die szenische Darstellung, die genaue, zeitdeckende Wiedergabe der einzelnen Ereignisse des Abends, nur ab und zu unterbrechen kommentierende Passagen des Erzählers die

Verhältnis Erzählzeit – erzählte Zeit verändert sich

Schilderung. Gegen Ende, in der Mario-Episode, wirkt die Zeit auf dem Höhepunkt der Handlung – entsprechend der atemlosen Spannung im Saal – wie angehalten. Zeitdeckung geht in Zeitdehnung über. Zum Ende des zweiten Teils verlässt der Erzähler auch die vorher streng eingehaltene Chronologie, indem er bewusst Ereignisse herausgreift, die ihm besonders repräsentativ erscheinen, und diese dann minutiös schildert.

Exposition

Beide Textteile für sich gesehen sind von ähnlichen Kompositionsprinzipien gekennzeichnet. Der erste Teil beginnt mit einer kurzen Exposition, die bereits alle wichtigen Aspekte anspricht: den Ort, die Erzählsituation, die Atmosphäre, die Personen, selbst den tragischen Ausgang der Handlung (darauf wird sogar dreimal hingewiesen: „Choc", „Ende mit Schrecken", „Katastrophe", 74). Die Handlung schreitet in Zweierschritten fort, unterbrochen von Reflexionen des Erzählers, wobei innerhalb dieser Schritte eine Steigerung der Schwere der Ereignisse festzustellen ist. Im Hotel wird der Erzählerfamilie zunächst ihr Wunschtisch verweigert, anschließend führt der Zusammenstoß mit dem Manager anlässlich der Husten-Affäre zum endgültigen Auszug. Es folgt eine längere Einlassung des Erzählers über die Hitze, die unangenehme Atmosphäre – ein Bindeglied zum nächsten Schritt, den Strandepisoden. Hier wird der Erzähler zunächst Zeuge des Vorfalls mit dem abscheulichen ‚Stimmungsmacher' Fuggièro, um dann in der Episode um die Nacktheit seiner kleinen Tochter und den moralischen Aufstand am Strand selbst in die unangenehmen Ereignisse einbezogen zu werden.

Handlung in Zweierschritten

Übergang zum zweiten Teil: Veränderung der Atmosphäre

Den Übergang zum zweiten Teil und auch schon die Exposition desselben bildet die Schilderung der Veränderungen der Atmosphäre im Zuge der einsetzenden Nachsaison. Zwar tritt jetzt mehr Ruhe ein, der Strand „entnationalisierte sich" (85), jedoch schlägt auch das Wetter um, es wird stickig, schwül, feucht (vgl. 86). Wie schon zu Beginn der Erzählung prägt auch diese detaillierte Schilderung der Atmosphäre (womit nicht nur das Wetter gemeint ist) die folgenden noch zu erzählenden Ereignisse. Die Vorstellung selbst kann wiederum in zwei Teile unterteilt werden (Ereignisse vor und nach der Pause), wobei die Schilderung der Pause ebenfalls wieder eine Reflexion des Erzählers ist. Innerhalb der beiden Teile kann man auch erneut Doppelungen von Ereignissen und Steigerungen der Intensität feststellen. Im ersten Teil wird zunächst Giovanotto kurz lächerlich gemacht, indem er dem Publikum die Zunge herausstrecken muss. Schwerwiegender ist schon seine zweite Lektion: Cipolla lässt ihn sich vor Schmerzen krümmen. Im Zuge seiner Kartentricks und anderer Wahrsagungen setzt der Zauberer die Willenskraft des jungen Römers außer Kraft, um dann der sensiblen Signora Angiolieri gegenüber noch viel tiefer in den persönlichen Bereich (in diesem Fall ihre Vergangenheit) einzudringen.

Aufsteigende Handlung

Die Reflexionen des Erzählers in der Pause – inhaltlich eine Rechtfertigung des Verbleibens in der Vorstellung – bilden strukturell gesehen eine Klammer zum ersten Teil des Gesamttextes und auch eine Vorbereitung auf das Finale, eine weitere Aufladung mit Spannung. Auch die Schilderung der Ereignisse nach der Pause ist durch das Herausstellen von jeweils zwei Episoden markiert. Spiegelverkehrt zu den Szenen vor der Pause wird von der äußerst beeindruckenden Hypnose und Beinahe-Entführung der Signora Angiolieri berichtet, später dann von der zweiten, sehr viel dramatischeren Willensäußerung des jungen Herrn aus Rom, der sich am Ende unter den tanzenden Hampelmännern auf der Bühne wiederfindet. Beim absoluten Höhepunkt, der auch gleichzeitig Wende- und sogar Schlusspunkt der Handlung ist, kann auch das Prinzip der Doppelung und Steigerung beobachtet werden. Marios Verführung, die in seinem Kuss Cipollas mündet, ist eigentlich zum Höhepunkt prädestiniert, was auch in der oben schon angesprochenen zeitdehnenden Erzählweise deutlich wird. Der scheinbaren Entspannung (Lachen Giovanottos, Aufwecken Marios) folgt aber ebenso rasch wie unerwartet ein zweiter Höhepunkt: die Schüsse, die Mario abfeuert und Cipolla damit tötet. Es gibt nur einen ganz kurzen Schlussabschnitt, keinen sanften Ausklang, so dass die Dramatik der letzten Aktionen noch bestehen bleibt.

Reflexionen des Erzählers als Klammer

Doppelter Höhepunkt der Handlung

Die beiden Hauptteile der Erzählung sind nicht nur für sich, sondern auch untereinander deutlich verbunden.

Leitmotivische Verknüpfungen: Mario, Signora Angiolieri

Da ist zunächst der schon erwähnte Einleitungsabschnitt, die Vorausdeutung auf das Ende, der mit den letzten beiden Sätzen der Erzählung einen Rahmen bildet: Der Begriff vom „Ende mit Schrecken" (74, 127) wird sogar wörtlich wieder aufgenommen. Des Weiteren gibt es verschiedenartige leitmotivische Verknüpfungen. Hier sind zunächst Personen zu nennen: die Erzählerfamilie natürlich, der Kellner Mario, auch wenn dieser im ersten Teil nur ganz kurz in Erscheinung tritt. Allerdings verspricht die Bemerkung des Erzählers, „derselbe Mario, von dem ich dann gleich erzählen werde" (76), eine Zunahme von Bedeutung. Eine verbindende Funktion hat auch die Signora Angiolieri, die mehrfach im ersten wie im zweiten Teil der Handlung in Erscheinung tritt – im ersten Teil durchaus aktiv (sie führt die Pension, organisiert die Karten), im zweiten Teil als Musterbeispiel für ein dankbares Opfer des Hypnotiseurs und den Verlust der zuvor betonten Eigenständigkeit.

Kommentare des Erzählers als Verknüpfung

Eine weitere Ebene der Verknüpfung ist in den Reflexionen und Kommentaren des Erzählers zu sehen, der sich sowohl im ersten wie im zweiten Teil die Frage stellt, warum er mit seiner Familie an einem Ort verweilt, der ihm so viel Unbehagen bereitet. In beiden Fällen findet er keine befriedigende Antwort. Er betont vielmehr, dass es gar keine verschiedenen Situationen sind, und hebt selbst die Parallelität des ersten Teils des Urlaubs und der Abendvorstellung des Zauberers hervor. Der Abend wird sozusagen zum Brennglas für alle Widerwärtigkeiten vorher, der Saal ist der „Sammelpunkt aller Merkwürdigkeit, Nichtgeheuerlichkeit und Gespanntheit", Cipolla die „Personifikation von alldem" (111).

Atmosphäre als Klammer der beiden Textteile

Und damit ist schon ein weiterer, sehr wichtiger Motivbereich angesprochen, der die beiden Teile der Erzählung verklammert. Es geht im weitesten Sinn um die herrschende Atmosphäre. Wie schon gesagt, geht der Begriff weit über das Wetter und Klima hinaus; diese sind nur Spiegel für das Bedrückende, Unerträgliche der Situation, die durch den übertriebenen Nationalstolz, die aufgeheizte politische Stimmung gekennzeichnet ist. Beispiele dafür gibt es sowohl im ersten Teil durch die Episoden am Strand als auch im zweiten in Cipollas chauvinistischen Reden und Anspielungen, zum Beispiel auf den Duce oder den römischen Gruß.

Erzählweise und Perspektive

Erzählweise und Perspektive

- „Wir" statt „Ich" schließt Frau des Erzählers ein (weitere Zeugin).
- Ich-Erzähler zugleich erzählendes und erlebendes Ich.
- Subjektivität: Es geht um Schilderung und Deutung persönlichen Erlebens.
- Alle Formen der Erzähler- und Figurenrede: hauptsächlich Erzählerbericht im ersten, zunehmend szenische Darstellung im zweiten Teil.
- Häufige Leseranrede: Lebendigkeit, Aufhebung von Distanz, Identifikationsangebot.

„Wir" statt „Ich"

Die Geschichte wird von einem Ich-Erzähler berichtet, wobei das „Ich" häufig durch ein „Wir" ersetzt wird. Der Erzähler schließt damit automatisch zumindest seine Ehefrau, manchmal auch noch die Kinder mit ein. Das bewirkt zweierlei: Zum einen wird die Authentizität, der vorgegebene Wahrheitsgehalt des Erzählten, durch die Hinzunahme weiterer Zeugen verbürgt. Zum anderen wird die Erzählerposition durch den Rückzug in die Geschlossenheit der Kleinfamilie gestärkt – dies vor allem, wo kritische Nachfragen des Lesers zu erwarten sind. Das „Wir" impliziert: Es ging nicht nur mir, dem Erzähler, so, sondern auch den anderen Familienmitgliedern, zumindest der Ehefrau. Im Gegensatz zu den Kindern tritt allerdings die Ehefrau nie als individuell Handelnde in Erscheinung, wird überhaupt nur einmal erwähnt.

Erzählendes und erlebendes Ich

Der Erzähler ist zugleich erzählendes und erlebendes Ich. Er berichtet aus zeitlicher und örtlicher Distanz, ist aber gleichzeitig in die berichtete Handlung involviert. Im Laufe der Erzählung nähern sich die beiden Positionen immer mehr an. Der Erzähler verliert schnell und erkennbar die innere Distanz, die zunächst durch die Position des Rückblickens gegeben ist, und wird immer mehr in seine Erzählung hineingezogen. Vor allem im zweiten Teil, der Schilderung von Cipollas Auftritt,

Vergegenwärtigung des Vergangenen

scheint das eigentlich Vergangene am Ende ganz gegenwärtig, der Erzähler erlebt die beklemmende Situation noch einmal neu, die Erzählweise wirkt plakativ, fast atemlos:

> „Unten, in voller Fahrt, warf er sich mit auseinandergerissenen Beinen herum, schleuderte den Arm empor, und zwei flach schmetternde Detonationen durchschlugen Beifall und Gelächter" (126).

Erst im letzten Abschnitt, genauer, im letzten Satz gewinnt der Erzähler so etwas wie eine erzählerische Souveränität zurück und rückt die Zeitverhältnisse wieder zurecht:

> „Und ein befreiendes Ende dennoch, – ich konnte und kann nicht umhin, es so zu empfinden!" (127).

Auch die Häufigkeit der in den Erzählverlauf eingestreuten Reflexionen deutet darauf hin, dass das zu Erzählende (noch) nicht verarbeitet ist.

Subjektivität der Schilderung

Die Wahl der Ich-Perspektive als einer Sonderform der personalen Erzählperspektive bewirkt immer eine selektive, interessegeleitete Wahrnehmung und Wiedergabe des Erzählgegenstandes und damit eine Subjektivität der Vermittlung zwischen Erzähler und Leser. So ist auch in dieser Erzählung erkennbar, dass es dem Erzähler nicht um eine rein objektive Wiedergabe des Faktischen, sondern um eine Schilderung seines persönlichen Erlebens und eine subjektive Deutung der Ereignisse geht. Er versucht zwar auch eine Art Rationalisierung des Erlebten (wozu ihm ja die Position des Rückblicks helfen könnte).

Emotionalität der Erlebnisperspektive

Dies gelingt aber nicht vollständig, da die Emotionalität der eigenen Erlebnisperspektive immer wieder die Oberhand gewinnt. So analysiert der Erzähler den politischen Gehalt der damaligen Situation („Man verstand bald, daß Politisches umging, die Idee der Nation im Spiele war", 82), erhellt diese Analyse aber immer wieder mit den emotional aufgeladenen Erfahrungen seiner eigenen Familie („wir sahen unsere beiden betroffen und ratlos sich zurückziehen und hatten Mühe, ihnen die Sachlage einigermaßen verständlich zu machen", ebd.).

In der folgenden detaillierteren Deutung vermischen sich dann die Ebenen der nüchternen Analyse und persönlichen Bewertung endgültig:

Vermischung von nüchterner Analyse und persönlicher Bewertung

> „Diese Leute, erklärten wir ihnen, machten soeben etwas durch, so einen Zustand, etwas wie eine Krankheit, wenn sie wollten, nicht sehr angenehm, aber wohl notwendig" (ebd.).

Auch wenn die Äußerung vordergründig kindgerecht erscheinen soll (als Erklärung für die zurückgewiesenen Kinder des Erzählers), so spiegelt sie doch auch eine Sichtweise des erwachsenen Erzählers wider, dessen – vielleicht in der Zwischenzeit schon weiter reichenden – Erfahrungen ihn von den politischen Entwicklungen als einer Krankheit sprechen lassen.

Was die Erzähler- und Figurenrede angeht, so nutzt der Ich-Erzähler alle Möglichkeiten zur Darstellung, Gewichtung und Überhöhung der Ereignisse sowie zur eindringlichen Mitteilung seiner Gedanken und Gefühle. Im ersten Teil dominiert in Bezug auf die Handlung der Erzählerbericht in zumeist zeitlicher Raffung. Allerdings werden auch nur einzelne Handlungshöhepunkte herausgegriffen (Episoden im Hotel, am Strand) und teilweise durch den Wechsel ins historische Präsens akzentuiert. Äußerungen der Figuren, einschließlich des Ich-Erzählers, werden dabei nur in indirekter Rede wiedergegeben:

Im ersten Teil überwiegt der Erzählerbericht

> „Wir hatten gut beteuern, die Kinderkrankheit befinde sich im Stadium letzten Abklingens, sie habe als überwunden zu gelten und stelle keinerlei Gefahr für die Umgebung mehr dar" (78).

> „Ein Herr in städtischem Schniepel […] versichert seinen entrüsteten Damen, er sei zu korrigierenden Schritten entschlossen" (83).

Es kommt dem Erzähler in diesem Teil nicht auf die lebhafte, szenische Darstellung an, sondern eher auf die Schaffung einer einheitlichen Atmosphäre, eines Gesamtbildes des Unbehagens, zu dem die einzelnen Episoden wie die Äußerungen der Figuren beitragen. Dieser Eindruck wird durch die ausführlichen Orts-, Zeit- und Wetterbeschreibungen sowie die Erzählerkommentare, die die Handlung einrahmen bzw. unterbrechen, noch

Schaffung einer einheitlichen Atmosphäre

verstärkt. In diesem ersten Teil überwiegt also die Über-Sicht des Erzählers, der Leser erhält einen Über-Blick.

Im zweiten Teil Zunahme szenischer Darstellung

Im zweiten, längeren Teil kommen (neben dem veränderten Verhältnis von erzählter Zeit zur Erzählzeit) auch weitere Redeformen hinzu, die Erzählweise wird insgesamt abwechslungsreicher, uneinheitlicher und spiegelt damit auch die wachsende innere Beteiligung des Erzählers. Zwar gibt es auch hier wieder ausführliche Beschreibungen (man beachte nur die Einführung Cipollas) und Erzählerberichte (zum Beispiel die Zusammenfassungen einzelner Vorstellungsphasen). Ebenfalls vorhanden sind die gedanklichen Kommentare des Erzählers, die mal als erlebte Rede, dann wieder direkter als innerer Monolog präsentiert werden:

> „Arithmetik? Das sah nicht nach Zauberkunststücken aus" (96).
> „Etwas Besseres weiß ich einfach nicht vorzubringen. -" (111).

Einsatz des Dialogs

Auffällig ist aber, dass der Erzähler nun häufiger in die szenische Darstellung wechselt und den Dialog, also die direkte Rede, einsetzt. Hier bietet er vor allem Cipolla ein Forum der Selbstdarstellung. So erhält der Leser einen noch viel nachdrücklicheren Einblick in den Charakter des Zauberers, der sich ja nicht nur durch seine Handlungen, sondern vor allem auch durch seine Reden selbst porträtiert:

> „‚Ich bin ein Mann von einiger Eigenliebe, nehmen Sie das in Kauf!'" (94).

Auch die Auseinandersetzungen zwischen Cipolla und den wenigen ‚Widerständlern' erhalten durch die Dialogisierungen eine größere Spannung und Wirksamkeit. Namentlich der Höhepunkt der Handlung, die Mario-Episode, wird überwiegend in szenischer Darstellung, im Dialog präsentiert. Hier könnte fast der Eindruck entstehen, als werde auch der Leser hypnotisiert.

Leseranrede

Ein weiteres Kennzeichen der Erzählweise in diesem Text ist die häufige Leseranrede, vor allem in den kommentierenden und reflektierenden Teilen. Immer wieder bezieht der Erzähler den Leser in den Erzählvorgang ein. Er spricht ihn direkt an: „Mögen Sie das? Mögen Sie es wochenlang?" (80), „Sie haben recht" (ebd.), „geben

Sie es zu“ (81). Er unterstellt ihm bestimmte Reaktionen oder nimmt Fragen vorweg: „Sie begreifen unsere Nervosität“ (88). „Unfehlbar werden Sie mich fragen, warum wir nicht endlich weggegangen seien“ (110). Er formuliert so, dass seine Meinung zu einer auch vom Leser zu vertretenden Allgemeingültigkeit wird: „man kennt das“ (75), „Jeder hat auch dabei seine kleinen, neugierig-verächtlichen und kopfschüttelnden Einblicke in den zweideutig-unsauberen und unentwirrbaren Charakter des Okkulten getan“ (106).

Lebendigkeit, Erhöhung von Spannung

Diese Leseranreden erfüllen mehrere Funktionen. Zunächst tragen sie zur Lebendigkeit der Erzählung bei. Der Leser wird selbst zum Teil der Geschichte, zum Ansprechpartner und Bezugspunkt des Erzählers. Dadurch erhöht sich auch die Spannung. Die Distanz des Lesers wird immer wieder aufgehoben und er wird näher zum Geschehen hin gezogen. Schließlich bemüht sich der Erzähler mit den Anreden auch um eine Solidarität des Lesers. Er möchte diesem klar machen, dass er vielleicht auch in eine solche Situation kommen könnte. Der Erzähler weiß offensichtlich um sein eigenes kritikwürdiges Verhalten und hofft auf das Verständnis des Lesers, wenn er diesen immer wieder in seine gedankliche Auseinandersetzung mit den Geschehnissen und seiner Rolle darin mit einbezieht. Er macht dem Leser somit ein Identifikationsangebot.

Bemühen um Solidarität des Lesers

Sprache und Stil

Sprache und Stil

- Zunächst wie ein Reisebericht: feuilletonistischer, unterhaltsamer Stil.
- Italienische Redewendungen sorgen für Lokalkolorit.
- Mittel der Groteske: Aussehen und Auftreten Cipollas, überzogene Reaktionen des Hotelmanagers, des Mannes am Strand.
- Leitmotivischer Einsatz von Wortmaterial aus den Bereichen Nation/Patriotismus und Atmosphäre/Wetter/Klima.

Stil eines Reiseberichts

Auf den ersten Blick wirkt die Erzählung wie ein Reisebericht. Das liegt vor allem an den ausführlichen Beschreibungen des Ortes und der touristischen Attraktionen zu Beginn, die einem (kritischen) Reiseführer entnommen sein könnten, der potenziellen Reisenden Hinweise und Ratschläge gibt. Nur eins von zahlreichen Beispielen:

> „Torre di Venere, wo man sich übrigens nach dem Turm, dem es seinen Namen verdankt, längst vergebens umsieht, ist als Fremdenort ein Ableger des benachbarten Großbades und war während einiger Jahre ein Idyll für wenige, Zuflucht für Freunde des unverweltlichten Elementes" (74).

Feuilletonistischer Stil

Der feuilletonistische Stil, die teils umgangssprachlichen Formulierungen („Ernstlich, man soll im September nach Torre di Venere gehen", 76; „Der junge Mensch hatte wahrhaftig Haare auf den Zähnen", 99) und immer wieder die oft vertraulich wirkenden Anreden an den Leser („Ich halte Ihnen keinen Vortrag", 83; „Auch langweile ich Sie nicht mit der Schilderung dieser Versuche", 106) tragen zu dem oberflächlich unterhaltsamen Stil bei, auch wenn unter dieser Oberfläche immer wieder die tiefgründigere Problematik, das Gefühl des Unbehagens, von dem im ersten Satz schon die Rede ist, durchscheint. Der Untertitel, *Ein tragisches Reiseerlebnis*, konterkariert ja ebenfalls schon die Tendenz zum rein Unterhaltsamen. So ist festzustellen, dass diese vorgetäuschte Glätte und Flüssigkeit in der Mitteilung an den Leser nur eine Folie ist, auf der sich die Dramatik der späteren Ereignisse umso deutlicher abzeichnet.

Unbehagen unter der Oberfläche

Häufigkeit italienischer Redewendungen

Um die Authentizität seiner Darstellung zu verstärken und sie mit Lokalkolorit anzureichern, lässt der Erzähler häufig italienische Wörter und Redwendungen in seine Erzählung einfließen und beschreibt auch, wie seine Kinder mit großem Spaß ihre rudimentären Italienischkenntnisse ausprobieren: „‚Mario, una cioccolata e biscotti!'" (111). Vor allem in den Reden Cipollas und den Dialogen mit den Vertretern aus dem Publikum finden sich immer wieder italienische Wendungen. Durch seine eigene fremdsprachliche Versiertheit unterstreicht der Erzähler so auf seine Art seine Aussage, wie sehr die Südländer gutes Sprechen, die Redekunst zu schätzen wüssten: „Denn es gilt als Maßstab für den persönlichen Rang, wie einer spricht" (95).

Im Falle des Zauberers kommt aber noch etwas hinzu. In seinen Formulierungen finden sich immer wieder Zweideutigkeiten, vor allem sexueller Art. Giovanotto bezeichnet er zum Beispiel als „donnaiuolo“ (Frauenheld, Schürzenjäger, 95) oder „questo torregiano di Venere“ (99), was sowohl Einwohner von Torre di Venere als auch Türmer der Venus heißen kann. Auf diese Weise wird Cipollas aggressive Eifersucht, sein Neid auf die jungen, gutaussehenden Männer wie Giovanotto besonders deutlich.

Cipollas sexuelle Zweideutigkeiten

Ausdruck von Cipollas Sexualneid

Die Mischung aus Komik und Ernsthaftigkeit, aus Lächerlichem und Schrecklichem, die die gesamte Erzählung zunehmend prägt, drückt der Erzähler öfter mit dem Mittel der Groteske aus. Grotesk wirken in der Geschichte sowohl Handlungen als auch Personen. Zu Letzteren ist natürlich Cipolla zu zählen. Sein hässliches Äußeres und seine in jeglicher Hinsicht unpassende Kleidung stehen in einem eklatanten Gegensatz zu seinen hehren Ausführungen zur Nation und zur Moral. Diese sind wiederum in keiner Weise vereinbar mit seinen inhumanen, entwürdigenden Handlungen. Das Bild des jungen, starken Giovanotto, der sich in Koliken krümmt, der ätherischen Signora Angiolieri, die einem hässlichen Krüppel folgt, anstatt bei ihrem sanften, stillen Mann zu bleiben, des jungen Römers, der nur zu einem weiteren Hampelmann wird – in das Lachen mischt sich Entsetzen über die Entmenschlichung dieser Figuren.

Elemente der Groteske

Widersprüche zwischen Cipollas Aussehen, Äußerungen und Handlungen

Diese Art der übertriebenen Lächerlichkeit, die ins Verurteilungswürdige kippt, hatte sich schon im ersten Teil der Erzählung angedeutet – in den überzogenen Reaktionen des Hotelmanagers auf den längst abgeklungenen Keuchhusten der Kinder oder des Herrn am Strand und der Behörden auf die unschuldige Nacktheit der kleinen Tochter des Erzählers.

Übertriebene Verhaltensweisen des Hotelmanagers und Herrn am Strand

Der Gipfel der grotesken Darstellung ist aber wohl in dem Bild Marios gegeben, der Cipolla küsst. Der Erzähler charakterisiert diesen Augenblick entsprechend als „traurige […] und skurrile […] Vereinigung von Marios Lippen mit dem abscheulichen Fleisch“ (125) – und selbst das befreiende Lachen Giovanottos hat einen „Unterton und Einschlag von Erbarmen." (126)

Entsprechend den leitmotivischen Verknüpfungen ist die Wortwahl des Erzählers durch die Wiederholung bestimmter Begriffe und Wiederaufnahme von Wortfeldern in den beiden Teilen gekennzeichnet.

Wortwahl: Bereich des Politischen

Zum einen ist das Wortmaterial zu nennen, das im Zusammenhang mit dem politischen Hintergrund der Geschichte, der Atmosphäre des Chauvinismus, Patriotismus, zu sehen ist. Da ist von der „Idee der Nation" (82) die Rede, von „patriotischen Kindern" (ebd.) am Strand, es fallen dort Redensarten „von der Größe und Würde Italiens" (ebd.), vom „Verstoß gegen die nationale Würde" (84). Cipolla spricht von der „Größe des Vaterlandes", (94) erwähnt den „Bruder des Duce" (ebd.), stellt „patriotische Betrachtungen" (102) an, zeigt „Patriotismus und reizbare Würde" (103). Am Ende sagt er von Marios Namen: „‚Ein antiker Name, einer von denen, die die heroischen Überlieferungen des Vaterlandes wach erhalten'" (121).

Wortwahl: Bereich der Atmosphäre

Das zweite wichtige Wortmaterial umfasst Begriffe und Beschreibungen, die – im konkreten wie übertragenen Sinn – mit dem Bereich der Atmosphäre, des Klimas, des Wetters zu tun haben. Bestimmte Gefühle „lagen (...) in der Luft" (74), die „Hitze war unmäßig", „afrikanisch" (80), die Sonne wird sogar personifiziert, es ist von ihrer „Schreckensherrschaft" (ebd.) die Rede. Die „glühende Leere des Himmels" ist ebensowenig zu ertragen wie die „ungeheure Naivität und Ungebrochenheit des Lichts" (ebd.) (wieder eine Personifikation). Kurz vor dem Auftritt Cipollas „schlug auch das Wetter um" (86), es kommen „stickige [...] Sciroccoschwüle" und ein „schwächlicher Regen" (ebd.). Auf dem Weg zur Vorführung ist es „schwül", „es wetterleuchtete manchmal und regnete etwas" (87). Die Natur wirkt hier immer wie ein Spiegel der äußeren und inneren Zustände der Gesellschaft bzw. der Erzählers. Parallel zu den Wetterveränderungen lädt sich auch die Atmosphäre in der Vorstellung auf. In seinen Betrachtungen über Cipolla stellt der Erzähler explizit die Verbindung zwischen dem Zauberer und der Atmosphäre des gesamten Aufenthaltes her: Cipolla ist der „Sammelpunkt", die „Personifikation" all dessen, „womit uns die Atmosphäre des Aufenthaltes geladen schien" (111).

Damit greift der Erzähler auf den Anfang seines Berichtes zurück, wo er ebenfalls eben jene enge Beziehung zwischen dem Zauberer und der Situation verdeutlicht. Er spricht von Cipolla, „in dessen Person sich das eigentümlich Bösartige der Stimmung auf verhängnishafte und übrigens menschlich sehr eindrucksvolle Weise zu verkörpern und bedrohlich zusammenzudrängen schien" (74). Der Zauberer wirkt hier, bildlich gesprochen, wie ein drohendes Gewitter. Die wiederholte Verwendung bestimmter Wortfelder und Bildbereiche hat die Funktion, eine Art Netz über die gesamte Geschichte zu legen und die beiden Teile eng miteinander zu verknüpfen. Diese Verbindung wird also nicht nur inhaltlich, sondern auch sprachlich reflektiert.

Wortfelder als Verknüpfung der beiden Teile

Rezeptionsgeschichte

Selbstdeutungen

Uneinheitliche Äußerungen Thomas Manns

Auch über *Mario und der Zauberer* hat sich Thomas Mann mehrfach deutend geäußert; im Gegensatz zu seiner Meinung über *Tonio Kröger* sind seine Aussagen über die spätere Erzählung allerdings nicht einhellig, was wohl mit dem sich verändernden biografischen wie politischen Kontext zusammenhängt.

Zunächst Ablehnung politischer Intentionen

So wurde der politische Gehalt der Novelle unmittelbar nach deren Erscheinen von Thomas Mann verschwiegen bzw. explizit negiert. In „Lebensabriß" aus dem Jahre 1930 schrieb er, er habe es „geschehen" lassen (fast so, als habe er es gar nicht beabsichtigt), „daß mir aus der Anekdote die Fabel, aus lockerer Mitteilsamkeit die geistige Erzählung, aus dem Privaten das Ethisch-Symbolische unversehens erwuchs" (Thomas Mann: *Über mich selbst. Autobiographische Schriften*, 141). In Briefen an Schriftstellerkollegen betonte er ebenfalls häufig das Symbolische und Ethische der Erzählung und in einem Brief an den tschechischen Kritiker Bedrik Fucik aus dem Jahre 1932 erläuterte er noch einmal, dass er es gar nicht gerne sehe, „wenn man die Erzählung als eine politische Satire betrachtet". In diese Sphäre gehöre die Erzählung nicht, auch wenn sie „kleine politische Glanzlichter und Anspielungen aktueller Art" enthalte. Aber insgesamt wolle er „die Bedeutung der kleinen Geschichte, vom Künstlerischen abgesehen, doch lieber im Ethischen als im Politischen sehen" (Hans Rudolf Vaget: *Thomas Mann – Kommentar zu sämtlichen Erzählungen*, 225).

Politischem Druck ausgesetzt

Diese Haltung Thomas Manns mag zunächst verwirren, zumal aus anderen Dokumenten deutlich hervorgeht, welche politischen Sorgen in Bezug auf die Entwicklung Deutschlands ihn zur damaligen Zeit umtrieben und dass an seiner antifaschistischen Grundhaltung keinerlei Zweifel bestand. Aber seit seinem Bekenntnis zur Demokratie der Weimarer Republik sah er sich in der Heimat wachsendem politischen Druck ausgesetzt. Er musste nicht nur an seine Stellung in der Öffentlichkeit denken, sondern auch Rücksicht auf seine Familie und seinen Verlag nehmen und sich vor allem die Möglichkeit für weitere Publikationen erhalten. Daher spielte er die politische Wirkungsabsicht der Novelle herunter und entschied sich im Folgenden (auch in den ersten Jahren des Exils, in das er sich 1933 begab) für eine Art taktisches Schweigen gegenüber dem Nationalsozialismus, bevor er dann 1939/40 in den USA begann, sich in Aufsätzen und Radiosendungen immer wieder offen gegen das Hitler-Regime zu stellen.

Im Exil: Hinweis auf politischen Gehalt

In diesem Zusammenhang – in dem autobiografischen Vortrag „On myself" in Princeton 1940 – bekannte sich Thomas Mann dann auch zur politischen Wirkungsabsicht von *Mario und der Zauberer*:

> „Die politisch-moralische Anspielung, in Worten nirgends ausgesprochen, wurde damals in Deutschland, lange vor 1933, recht wohl verstanden: mit Sympathie oder Ärger verstanden, die Warnung vor der Vergewaltigung durch das diktatorische Wesen, die in der menschlichen Befreiungskatastrophe des Schlusses überwunden und zunichte wird." (Thomas Mann: *Über mich selbst. Autobiographische Schriften*, 89).

Dem Kritiker Henry C. Hatfield, der die Novelle konsequent politisch interpretiert hatte, bekannte er 1947 in einem Brief, dass er (Thomas Mann) die Novelle damals in „patriotischer Überschätzung meiner Nation“, also Deutschlands, geschrieben habe: „Als ich sie schrieb, glaubte ich nicht, daß Cipolla in Deutschland möglich sei.“ Und weiter: „Übrigens zweifle ich heute an meinem guten Glauben. Im Grunde war die Novelle wohl eine erste Kampfhandlung gegen das, was damals schon die europäische Gesamtatmosphäre erfüllte und durch den Krieg nicht restlos aus ihr vertrieben worden ist.“ (Karl Pörnbacher: *Thomas Mann: Mario und der Zauberer*, 50)

Novelle als „erste Kampfhandlung“

Rezeption

Mario und der Zauberer war der erste Text, den Thomas Mann nach dem Erhalt des Nobelpreises für Literatur im Jahr 1929 veröffentlichte – dementsprechend wurde der Erzählung, auch international, eine große Aufmerksamkeit zuteil.

Erste Veröffentlichung nach dem Nobelpreis

Die zeitgenössische Kritik äußerte sich, mit ganz wenigen Ausnahmen, sehr positiv bis begeistert über die Erzählung, was hauptsächlich (in einigen Fällen ausschließlich) mit der formal-ästhetischen Meisterschaft begründet wurde.

Anerkennung formaler Meisterschaft

Interessanter, weil umstrittener, ist natürlich die Frage, inwieweit der politische Gehalt erkannt bzw. in den Fokus der Kritik gerückt wurde. Hans Rudolf Vaget (vgl. *Thomas Mann – Kommentar zu sämtlichen Erzählungen*) hat nachgewiesen, dass die Behauptung, die politische Thematik sei von deutschen Zeitgenossen weitestgehend verkannt worden, so nicht haltbar ist. Vielmehr sind die Rezensionen, die sich ausschließlich auf Literarisch-Ästhetisches beziehen, in der Minderheit. Die Mehrzahl der Kritiker sah durchaus die zeitpolitische Aktualität, ging damit allerdings auf unterschiedliche Weise um. Der zahlenmäßig stärkeren Gruppe derjenigen, die die Faschismus-Kritik erkannten und auch offen aussprachen, sowie derjenigen, die die Thematik zwar erkannten, aber nicht deutlich betonten, stand eine kleinere Gruppe von Interpreten (meist national-konservativer

Mehrzahl der Rezensionen: zeitpolitische Aktualität

Couleur) gegenüber, die die politischen Anspielungen sehr wohl bemerkt hatten, deren Bedeutung aber mehr oder weniger heftig in Abrede stellten. Das politische Element wurde dem privaten untergeordnet.

Internationale Rezensionen: Hinweis auf Situation in Italien

Im internationalen Vergleich war die Anzahl der politisch argumentierenden Rezensenten noch größer als in Deutschland, wobei aber nahezu ausschließlich der Bezug zur aktuellen Situation in Italien hergestellt wurde. Die Frage, inwieweit die *Mario*-Erzählung auch für die Entwicklung in Deutschland relevant sein könnte, wurde nicht gestellt. In Mussolinis Italien hatten die Zensoren übrigens die Brisanz der Novelle erkannt: *Mario und der Zauberer* durfte dort nicht erscheinen.

Nach 1945: Hinweise auf Widerspiegelung deutscher Verhältnisse

Nach dem Zweiten Weltkrieg dominierte lange Zeit die konsequent politische Interpretation der Novelle, in der nun eine Widerspiegelung nicht nur der italienischen, sondern auch der deutschen Verhältnisse zu Beginn der nationalsozialistischen Ära gesehen wurde. Hier ist beispielhaft der Literaturwissenschaftler Hans Mayer zu nennen, der in einer Neuausgabe seines Thomas-Mann-Buches aus dem Jahre 1950 konkret die politische und gesellschaftliche Rolle des damaligen Bürgertums beleuchtete, das er im jungen Herrn aus Rom abgebildet sah: „Doch es genügt nicht, daß man den fremden Willen ablehnt, solange man ihm keinen eigenen Willen entgegenzusetzen hat“ (Hans Mayer: *Thomas Mann*, 168). Einzig Mario, der junge Mann aus dem Volk, leiste erfolgreich Widerstand: „Die Rache des verwirrten Gefühls, der unterjochten Menschlichkeit ist gründlich und jäh. [...] Die Negativität des bloßen Nichtwollens hatte nicht genügt. Es mußte gründlicher Schluß gemacht werden“ (169). Und ganz klar betonte Mayer auch Thomas Manns politische Intention: „Das italienische Beispiel wird hier den deutschen Zuhörern vorgehalten. [...] Das Ende Cipollas sollte der deutschen Jugend eine Warnung sein. Sie wurde nicht gehört“ (170).

Andere Deutungen: sozialpsychologisch

Zu den politischen Deutungen kamen im Laufe der Zeit auch sozialpsychologische Ansätze (zum Beispiel zum Verhältnis Individuum – Masse – Führer). Vielfach wurden und werden auch Verbindungen hergestellt zu anderen Werken Thomas Manns und Themen, die ihn immer wieder beschäftigt haben.

Künstlerproblematik

Hier ist natürlich die Künstlerproblematik bzw. der Gegensatz zwischen Geist und Leben zu nennen (u.a. aus der Erzählung *Tonio Kröger* bekannt), was vor allem an der Figur Cipollas festgemacht wird.

Homoerotik

Einige Interpreten weisen darauf hin, dass das Motiv der Homoerotik eingesetzt wird. Von hier aus (wie auch von der Künstlerproblematik) lassen sich Verbindungen ziehen zu Thomas Manns berühmter Erzählung *Der Tod in Venedig* (1912), der Geschichte des Schriftstellers Gustav von Aschenbach, seiner Liebe zu dem Knaben Tadzio und seines Sterbens am Lido. Hans Rudolf Vaget fasst diesen Ansatz zusammen:

> „Während in Aschenbachs Fall das Hervortreten der homoerotischen Passion trotz aller impliziten Kritik etwas von einer beseligenden Erlösung zum Tode hat, markiert das verborgene homoerotische Begehren Cipollas gleichsam seine Achillesferse, an der seine Macht zuschanden wird." *(Hans Rudolf Vaget: Thomas Mann – Kommentar zu sämtlichen Erzählungen*, 227)

Auch kleinere Motive, wie die Unzuträglichkeit des Ortes oder das Hin und Her zwischen Bleiben und Abreisenwollen, finden sich in beiden Erzählungen.

Bezüge zu Heinrich Manns *Die kleine Stadt*

Im Hinblick auf intertextuelle Bezüge schien es den Interpreten auch immer wieder interessant, nach mehr oder weniger verdeckter Bezugnahme Thomas Manns auf das Werk seines älteren Bruders Heinrich zu suchen. Im Falle von *Mario und der Zauberer* wäre das Heinrich Manns Italien-Roman *Die kleine Stadt* aus dem Jahre 1909. Thomas Manns Erzählung ist vielfach als kritische Antwort auf den Roman seines Bruders gesehen worden, in dem dieser beschrieben hatte, wie in einer kleinen italienischen Stadt (Vorbild war wohl Palestrina bei Rom, wo die Brüder während eines gemeinsamen Italien-Aufenthaltes Ende des 19. Jahrhunderts gelebt hatten) sich die Idee der westlichen liberalen Demokratie durchzusetzen beginnt. Anhand der Vorbereitung und Aufführung einer Oper, an der die gesamte Stadt beteiligt ist, wird das Funktionieren einer solchen lebendigen Demokratie idealtypisch vorgeführt. Thomas Manns Erzählung wäre dann eine aus der Aktualität der zwanziger Jahre entstandene Korrektur der Romanaussage seines Bruders, eine „realistische Zurechtrückung dieses Bildes im Lichte jüngster Erfahrung“ (Vaget, 229).

Verfilmung

Freie Verfilmung mit Abweichungen vom Erzähltext

Im Jahre 1994 wurde der Film *Mario und der Zauberer* herausgebracht. Regisseur war Klaus Maria Brandauer, der auch die Rolle des Cipolla spielte, das Drehbuch stammte von Burt Weinshanker. Der Untertitel „Frei nach der Erzählung von Thomas Mann“ deutet schon darauf hin, dass die Vorlage massiv verändert wurde.

Beibehalten ist die Grundsituation, der Urlaub der vierköpfigen Familie eines deutschen Schriftstellers in einem kleinen italienischen Badeort. Auch kommt die chauvinistische Atmosphäre, die fremdenfeindliche Haltung vieler Einheimischer, deutlich zum Tragen; die Episoden im Hotel und am Strand werden ebenfalls gezeigt.

Mario und Silvestra spielen wichtige Rollen

Wesentliche Änderungen ergeben sich bezüglich einzelner Figuren: Mario wird von Anfang an ausführlich eingeführt (u.a. durch ein offensichtlich der rasanten Filmwirkung geschuldetes Kellner-Rennen), ebenso seine Angebetete Silvestra, die gleichzeitig die Nichte der Pensionswirtin Signora Angiolieri ist und allen Männern in ihrer Umgebung (und ansatzweise auch dem deutschen Schriftsteller) den Kopf verdreht. Dieser Schriftsteller (also der Erzähler, der aber im Film handelnde Figur ist) ist bedeutend aktiver als in der Erzählung, so äußert er zum Beispiel in einem Vortrag vor italienischen Intellektuellen (die sich später als glühende Nationalisten erweisen) seine Kritik an den aktuellen faschistischen Tendenzen im Land, warnt vor Intoleranz und Bigotterie und betont die Verantwortung des Schriftstellers. Hier bekommt der Film eine stark politische Akzentuierung.

Politische Akzentuierung

Cipolla taucht früh im Film auf

Stark verändert ist auch die Figur des Cipolla, der nicht nur während der Zaubervorstellung, sondern auch schon lange vorher eingeführt wird. So reist er mit einem Akrobatenpaar, ist zwar erkennbar verkrüppelt, wirkt aber nicht so dämonisch wie der Cipolla der Erzählung. Allerdings soll auch vom Film-Cipolla eine gewisse Faszination ausgehen, was u. a. dadurch vermittelt wird, dass er sich der Frau des Schriftstellers nähert und diese offensichtlich tief verstört.

Die eigentliche Zaubervorstellung nimmt nur einen kürzeren Teil des Filmes ein, deutlich werden allerdings Cipollas hypnotische Fähigkeiten. Der Schluss ist komplett verändert: Cipolla bittet Mario und Silvestra auf die Bühne, scheint die beiden zunächst zusammenzuführen, bringt dann aber Silvestra dazu, ihn zu küssen. Nach ihrem Erwachen greift die entsetzte Silvestra zu einem Revolver, der vorher schon während einiger Kunststücke zum Einsatz kam, und schießt auf Cipolla, trifft aber versehentlich den in der Schussbahn stehenden Mario. Dieser stirbt.

Silvestra will Cipolla erschießen, trifft aber Mario

Die letzte Einstellung des Films zeigt die Familie im Zug auf dem Weg nach Hause; die kleine Tochter vollführt ein Zauberkunststückchen, der Einfluss des Zauberers wirkt also weiter …

Tonio Kröger

Entstehungsgeschichte und biografischer Hintergrund

Schwieriger Entstehungsprozess der Novelle

Die Entstehung der Erzählung *Tonio Kröger* war ein langwieriger und komplizierter, immer wieder unterbrochener Prozess. Aus zahlreichen Äußerungen Thomas Manns in Briefen, Aufsätzen und autobiografischen Schriften können die einzelnen Phasen und auch Schwierigkeiten bei der Arbeit an dem Werk erschlossen werden; so schreibt der Autor z. B. in seinem „Lebensabriß" (1930):

> „Ich schrieb sie [die Novelle] sehr langsam. Namentlich das lyrisch-essayistische Mittelstück, das Gespräch mit der (durchaus fingierten) russischen Freundin, kostete mich Monate" (Thomas Mann: *Über mich selbst. Autobiographische Schriften*, 116 f.).

Drei Phasen der Entstehung:

Aus diesen Selbstäußerungen gehen auch die engen Verknüpfungen zwischen Leben und Werk Thomas Manns hervor. Drei Phasen der Entstehungsgeschichte sind zu unterscheiden:

1. Thomas Manns Reise nach Dänemark

Am Anfang stand eine Reise Thomas Manns nach Lübeck und Dänemark im September 1899. Er arbeitete gerade noch an seinem großen Roman *Buddenbrooks*, der Besuch seiner Heimatstadt mag zur Auffrischung von Erinnerungen gedient haben. Der Aufenthalt in einem kleinen Badehotel in Aalsgaard bei Helsingör ist durch eine erhaltene Hotelrechnung verbürgt. Hier sind wohl auch schon erste Grundzüge von *Tonio Kröger* entstanden. Nach seiner Rückkehr nach München machte sich Thomas Mann zunächst nur einzelne Notizen. Die Künstler-Problematik beschäftigte ihn aber schon intensiv, vor allem auch aufgrund der Arbeit an der Figur des Hanno aus *Buddenbrooks*.

Arbeit an *Buddenbrooks*

2. Bewegte Lebensphase im Winter 1900/1901

Im Sommer 1900 hatte Thomas Mann diesen großen Roman abgeschlossen. Im Oktober trat er seinen Militärdienst an, wurde aber schon im Dezember wegen

Dienstuntauglichkeit entlassen. Aus Briefen an seinen Bruder Heinrich geht hervor, dass er sich wieder mit der Konzeption von *Tonio Kröger* beschäftigte, von einer „neuen Novelle bitter-wehmütigen Charakters" ist die Rede. Der Winter 1900/01 war für Thomas Mann ein emotionales Auf und Ab, eine bewegte und aufwühlende Phase, geprägt einerseits durch Depressionen und Unsicherheiten bezüglich seiner Zukunft, vor allem auch der künstlerischen. So war lange unklar, ob der Verleger Samuel Fischer das Manuskript des Romans *Buddenbrooks* in der vom Autor vorgelegten, ungekürzten Form veröffentlichen würde. In einem Brief an den Bruder Heinrich im Februar 1901 ist sogar von „vollkommen ernst gemeinten Selbstabschaffungsplänen" die Rede.

Unterbrechung für längere Zeit

Andererseits fiel in diese Zeit auch die Intensivierung seiner Beziehung zu dem Maler Paul Ehrenberg, eine komplizierte, homoerotisch grundierte Freundschaft, die in der Nachfolge seiner schwärmerischen Liebe zu seinem Schulkameraden Armin Martens zu sehen ist (dieser wird allgemein als Vorbild für Hans Hansen angenommen). Aus dem Brief an Heinrich (*Buddenbrooks* war inzwischen veröffentlicht und machte Furore) geht hervor, dass Thomas Mann *Tonio Kröger* zu einem grundsätzlichen Text über die Kunst-Leben-Problematik machen wollte, er erwog sogar den spröden Titel „Litteratur". Als ob er vor der Bürde einer solchen Aufgabe zurückschreckte, verschob er die Arbeit für lange Zeit und wandte sich anderen Novellen, z. B. *Tristan*, zu.

3. Wiederaufnahme im Herbst 1902

Erst anderthalb Jahre später, immer noch mit ungeheuren Schwierigkeiten und unterbrochen durch die Arbeit an anderen Texten, nahm Thomas Mann die Arbeit an *Tonio Kröger* wieder auf. Im Herbst des Jahres 1902 entstand zusätzlich ein enormer Zeitdruck dadurch, dass von den übrigen fünf für die Novellensammlung vorgesehenen Erzählungen bereits die Korrekturfahnen vorlagen.

Tonio Kröger erscheint 1903

In letzter Minute, wahrscheinlich Mitte Dezember 1902, schloss Thomas Mann die Arbeit endlich ab, so dass die Novelle im Februarheft 1903 der „Neuen deutschen Rundschau" und im März 1903 als Schlusserzählung im Novellenband *Tristan* erscheinen konnte.

Thomas Mann, 1904. © Thomas Mann Archiv, Zürich.

Inhalt

1. Kapitel

Nach der Schule: Tonio wartet auf Hans Hansen

An einem trüben, unwirtlichen Wintertag wartet der vierzehnjährige Tonio Kröger nach dem Ende des Unterrichts vor der Schule auf seinen Freund Hans Hansen, für den er eine tiefe Zuneigung empfindet. Als Hans schließlich herauskommt, zeigt sich, dass er ihre Verabredung vergessen hat; schnell wendet er sich aber von den anderen Kameraden ab und geht mit Tonio, entschuldigt sich sogar mit einer etwas dürftigen Ausrede bei diesem.

Unterschiedlichkeit der Jungen im Aussehen ...

Gemeinsam gehen nun Tonio und Hans durch die winterliche Stadt, die durch viele Hinweise im Text leicht als Lübeck zu identifizieren ist. Dabei wird deutlich, dass die Jungen zwar beide Söhne aus reichen und wohlbekannten Kaufmannsfamilien sind, ansonsten aber unterschiedlicher nicht sein könnten. Hans ist „außerordentlich hübsch und wohlgestaltet“ (8), blond, blauäugig, trägt einen Marine-Anzug und geht aufrecht, fest und selbstsicher. Tonio, gekleidet in einen grauen Gurt-Paletot, ist brünett, mit südlichen Gesichtszügen und „dunkle[n] und zart umschattete[n] Augen mit zu schweren Lidern“ (ebd.), sein Gang ist eher unregelmäßig.

... und im Wesen

Auch im Wesen und in den Interessen unterscheiden sich die beiden, wobei deutlich wird, dass Tonio seinen Freund um dessen Anderssein beneidet. Hans ist ein ausgezeichneter Schüler, beliebt bei Lehrern und Mitschülern, er ist sportlich, hat Reitstunden und liebt Pferdebücher. Tonio hingegen, sensibel und einfühlsam, spielt Geige und schreibt Verse, was ihm bei Lehrern und Mitschülern eher schadet. Seine Leistungen in der Schule sind schlecht, was vor allem seinen Vater, den sorgfältig gekleideten und korrekten Konsul Kröger, erbost und seiner Mutter, einer dunklen, südländischen, musisch begabten Schönheit, herzlich gleichgültig ist. Tonio liest mit Begeisterung *Don Carlos* und versucht, einem dafür unempfänglichen Hans seine Faszination für Schillers Drama zu vermitteln.

Erwin Jimmerthal stört

Zu Tonios Missfallen erscheint nun Erwin Jimmerthal, ein Mitschüler, und Hans lässt sich freudig von diesem in ein Gespräch über Reitstunden verwickeln. Tonio registriert verletzt, dass Hans ihn nunmehr mit dem Nachnamen anredet. Ausgeschlossen und traurig reflektiert er – während Hans und Erwin fortgesetzt über ihren Pferdesport reden – sein Fremd- und Anderssein, identifiziert sich mit dem einsamen und bemitleidenswerten König Philipp in *Don Carlos*.

Tonios Liebe zu *Don Carlos*

Als Jimmerthal sie endlich verlassen hat, merkt Hans sehr wohl Tonios Verstimmung und verspricht ihm, auch bald *Don Carlos* zu lesen. Tonio ist selig, obwohl er ahnt, dass auch die Schiller-Lektüre nichts an ihrer Gegensätzlichkeit ändern wird – und im Grunde möchte er das auch gar nicht: Hans soll „bleiben, wie er war, so hell und stark, wie alle ihn liebten und Tonio am meisten!" (17).

2. Kapitel

Tonio verliebt in Ingeborg Holm

Zwei Jahre sind vergangen, der inzwischen sechzehnjährige Tonio Kröger ist in die Arzttochter Ingeborg Holm verliebt, während Hans Hansen in seinem Leben keine Rolle mehr zu spielen scheint. Allerdings kann Ingeborg als weibliches Pendant zu Hans gesehen werden, sie ist ebenfalls blond, blauäugig und lebhaft-oberflächlich – und Tonio gibt sich auch diesem schwärmerischen Gefühl für das Mädchen hin, obwohl er aus Erfahrung weiß, „daß die Liebe ihm viel Schmerz, Drangsal und Demütigung bringen müsse" (18).

Tanzstunde

Tonio hat Ingeborg in einem privaten Tanz- und Anstandskurs kennen gelernt, der für die Kinder der führenden Familien veranstaltet und von dem Hamburger Ballettmeister François Knaak geleitet wird. Teils humorvoll, teils ironisch beschreibt der Erzähler den Ballettmeister in seiner selbstgewissen wie dummen Affektiertheit, die von Tonio („Was für ein unbegreiflicher Affe", 20) durchschaut, allerdings auch schmerzlich in ihrer Wirkung auf die angebetete Ingeborg Holm gesehen wird, die Knaak schwärmerisch ansieht, Tonio selbst aber ignoriert.

Tonio ignoriert Magdalena Vermehren

Stattdessen wendet sich ihm Magdalena Vermehren zu, ein dunkeläugiges, etwas ungeschicktes, sensibles Mädchen, das sich für Tonios Verse interessiert, von diesem aber seinerseits ignoriert wird.

Tonio als Außenseiter

Tonio ist dermaßen fixiert auf Ingeborg und versunken in seine heimliche Liebessehnsucht, dass er beim Tanzen der Quadrille versehentlich in die Gruppe der vier Mädchen gerät und von Knaak zur Schadenfreude aller Anwesenden bloßgestellt und veralbert wird. Voller Scham verlässt er den Raum und denkt wieder, vor einer geschlossenen Jalousie stehend, über sein Anderssein, sein Außenseitertum nach. Der Schmerz darüber, die Vergeblichkeit seines Wunsches, Ingeborg möge zu ihm kommen, mischen sich mit einem Gefühl des Glücks über seine Fähigkeit zu empfinden und Gefühle bis ins Letzte zu durchdringen: „Denn damals lebte sein Herz" (23). Gleichzeitig ahnt Tonio, dass es ewige Treue nicht gibt und seine unbedingte Liebe zu Ingeborg eines Tages erloschen sein wird wie die zu Hans Hansen.

3. Kapitel

Tonios Werdegang zum Schriftsteller

In starker Zeitraffung (ungefähr vierzehn Jahre werden zusammengefasst) zeichnet der Erzählerbericht dieses Kapitels Tonio Krögers Werdegang zu einem angesehenen Schriftsteller nach. Nach dem Tod seiner Großmutter und seines Vaters wird das große Haus der Krögers verkauft, die Firma wird aufgelöst. Tonios Mutter heiratet wieder, einen italienischen Musiker, und folgt ihm in den Süden. Dies alles erleichtert es Tonio, ebenfalls seine enge Heimatstadt zu verlassen und sich aus seinem bürgerlichen Leben zu lösen.

Ausschweifendes Leben im Süden

Er verschreibt sich ganz und gar der Existenz als Künstler, „der Macht des Geistes und des Wortes" (25), seziert klug und überheblich die Lächerlichkeit der bürgerlichen Welt, wiederum um den Preis der Einsamkeit und des Ausgeschlossenseins. Vielleicht aus Affinität zum Wesen seiner Mutter zieht er in den Süden, führt ein ausschweifendes Leben und ekelt sich gleichzeitig davor, sehnt sich nach Reinheit und Klarheit – dies wiederum eine Reminiszenz an seinen korrekten, nordischen Vater.

Vervollkommnung seines Künstlertums

Tonios Gesundheit wird geschwächt, in gleichem Maße steigert sich sein Künstlertum: Sein erstes Werk findet große Begeisterung und Anerkennung, denn es wurde hervorgebracht durch eine vollkommene Mischung aus brillantem Können, der Intensität seiner Erfahrungen und ungeheurem Fleiß, vergleichbar dem bürgerlichen Leistungsethos seines Vaters. Allerdings lebt Tonio nur noch als Künstler, nicht als Mensch, er glaubt, „daß man gestorben sein muß, um ganz ein Schaffender zu sein“ (27).

4. Kapitel

Tonio lebt in München

Dieses Kapitel, das längste und auch vom Gehalt zentrale der Erzählung, besteht fast ausschließlich aus einem Gespräch zwischen Tonio Kröger, inzwischen etwas über dreißig Jahre alt und in München lebend, und der etwa gleichaltrigen Lisaweta Iwanowna, einer russischen Malerin und vertrauten Freundin Tonios. Genauer gesagt, ist es eher ein Monolog Tonios über sein Verständnis von Kunst und Leben, mit einigen kurzen Einwürfen Lisawetas und einem gleichwohl wichtigen Resümee ihrerseits.

Besuch im Atelier von Lisaweta

Tonio besucht Lisaweta in ihrem Atelier in Schwabing und beklagt sich über die Frühlingsatmosphäre draußen, die es ihm unmöglich mache zu arbeiten – ebenso wie seinem Bekannten Adalbert, einem Novellisten, der vor dem unanständigen Kribbeln im Blut (30) zum Arbeiten in ein Café flüchtet und somit die auch von Tonio für wichtig genommene Distanz zwischen Kunstausübung und ‚wirklichem Leben‘ wieder herstellen will: „Es ist aus mit dem Künstler, sobald er Mensch wird und zu empfinden beginnt“ (32). Der Künstler muss sich von den Gefühlen – auch von denen, die seine Werke hervorrufen – distanzieren. Aber Tonio gesteht Lisaweta, dass er manchmal an dieser Lebensferne leidet: „Ich sage Ihnen, daß ich es oft sterbensmüde bin, das Menschliche darzustellen, ohne am Menschlichen teilzuhaben ...“ (ebd.). So sieht er die Literatur nicht als Beruf, sondern als Fluch und sich selbst als einen Gezeichneten, der seit jeher an dem Gegensatz zwischen künstlerischem Selbstbewusstsein und menschlichem Anders- und Ausgeschlossensein leidet.

Tonios Leiden an der Lebensferne

Fragwürdige Künstlerexistenz

Im Folgenden legt Tonio seine Auffassung von der Künstlerexistenz dar, die für ihn höchst fragwürdig ist. Mit dem Beispiel eines kriminellen Bankiers, der im Gefängnis begann, Novellen zu schreiben, rückt er sie sogar in die Nähe des Verbrecherischen, im scharfen Kontrast zum Bürgerlichen, wobei die Fragwürdigkeit im Verborgenen bleibt.

Lisawetas Meinung von der heiligenden Wirkung der Literatur

Lisaweta setzt dem herben Urteil ihres Freundes ihre Auffassung von der „reinigende[n], heiligende[n] Wirkung der Literatur“, der „Zerstörung der Leidenschaften durch die Erkenntnis und das Wort“ (35), entgegen. Der Literat könne als „vollkommener Mensch, als Heiliger“ (36) betrachtet werden. Tonio akzeptiert diese Sichtweise nur für die von ihm bewunderte russische Literatur; die Erkenntnis, zu der er sich auch fähig sieht, führt bei ihm nicht nur zum Durchschauen und Verständnis der Welt, sondern zu einem „Erkenntnisekel“ (ebd.), an dem er – wie die literarische Figur von Shakespeares Hamlet – leidet und der ihn lähmt und langweilt. Auch das Wort, also die Umsetzung der Erkenntnis in Sprache, sieht Tonio äußerst kritisch als „Kaltstellen und Auf-Eis-Legen der Empfindung“, als eine „Erledigung“ des Gefühls (37).

Tonios Sehnsucht nach den „Wonnen der Gewöhnlichkeit“

Trotz dieser negativen Sichtweise des Künstlertums und der Literatur bezeichnet Tonio Kröger sich nicht als Nihilisten, sondern er gesteht der erstaunten Lisaweta: „Ich liebe das Leben“ (38) – nicht das Außerordentliche, Ungewöhnliche, sondern das „Normale, Wohlanständige und Liebenswürdige“ (ebd.). An dieser Stelle kommt verstärkt Tonios „Sehnsucht […] nach den Wonnen der Gewöhnlichkeit“ (ebd.), seine Affinität zu den Blonden und Blauäugigen, Gesunden zum Vorschein, die – im Gegensatz zu den Melancholischen, Sensiblen, die „immer hinfallen“ (39) – in seinen Lesungen nicht zu finden sind und die Literatur nicht nötig haben.

Der künstlerisch dilettierende Leutnant

So wie einerseits der Künstler nicht am wirklichen Leben teilhat, bleibt in Tonios Verständnis andererseits aber auch das Leben von der Kunst ausgeschlossen. Er führt das Beispiel eines Leutnants an, der inmitten einer Abendgesellschaft plötzlich darum bat, selbstverfasste Verse vortragen zu dürfen, die, so Tonio, „ebenso tief empfunden wie unwirksam“ (40) waren. Tonio teilte nicht nur das allgemeine Gefühl der Peinlichkeit, er fühlte auch eine steigende Verachtung für den zuvor Respektierten, der dem großen Irrtum unterlegen sei, „daß man ein Blättchen pflücken dürfe, ein einziges, vom Lorbeerbaume der Kunst, ohne mit seinem Leben dafür zu zahlen“ (ebd.).

Tonio als „verirrter Bürger“

Nach dem Ende von Tonios Ausführungen obliegt es Lisaweta, ihm die Antwort auf die von ihm aufgeworfenen Probleme zu geben: Sie sagt, dass er ganz einfach ein Bürger sei – genauer, und etwas versöhnlicher, „ein Bürger auf Irrwegen, [...] ein verirrter Bürger.“ (41) Damit scheint sie Tonio Krögers Schwäche und Ängste auf den Punkt gebracht zu haben, denn er verlässt fluchtartig ihr Atelier: „I c h b i n e r l e d i g t“ (ebd.).

5. Kapitel

Tonios Entschluss zur Reise in den Norden

Etwa ein halbes Jahr später teilt Tonio Lisaweta mit, dass er eine Reise machen werde. Auf ihre Frage, ob er wieder nach Italien fahren wolle, reagiert er mit dem verächtlichen Urteil, dass ihm das Land und seine Menschen ganz gleichgültig geworden seien. Er hat vielmehr vor, in den Norden, nach Dänemark zu reisen – ein Land, dessen Literatur, Mahlzeiten, sogar Vornamen er schon immer bewundert und geliebt hat, ohne jemals dort gewesen zu sein. Auf Lisawetas Nachfrage gibt er nicht ohne Scham zu, dass er auf dem Weg auch in seiner Vaterstadt, seinem „Ausgangspunkt“ (42), Halt machen wolle und also zu seinen Wurzeln zurückkehren wird. Lisaweta scheint darüber nicht überrascht zu sein und mahnt einen ausführlichen Brief von der Reise an.

6. Kapitel

Aufenthalt in der Heimatstadt

Tonio Kröger unterbricht seine Reise in den Norden für einen „kurzen, seltsamen Aufenthalt“ (43) in seiner Heimatstadt, die er dreizehn Jahre nicht besucht hat. Er empfindet Fremdheit und Enge, aber auch eine Melancholie, der er nicht weiter auf den Grund gehen möchte. Er quartiert sich in einem Hotel ein und begibt sich erst am nächsten Morgen auf einen Rundgang durch die Stadt, wobei er sowohl am Hause Ingeborg Holms als auch an der Villa der Familie Hansen vorbeikommt.

Rückkehr ins Elternhaus

Schließlich erreicht er sein Elternhaus und nicht ohne Beklommenheit tritt er ein. Mit Missfallen stellt er fest, dass in einem Zwischengeschoss eine Volksbibliothek untergebracht ist. Unter dem misstrauischen Blick eines Angestellten wandert er durch die drei Räume, früher das Speisezimmer der Familie Kröger, das Schlafzimmer der Eltern und sein eigenes Kinderzimmer. Wehmütig blickt er durch ein Fenster und nimmt wahr, dass der Garten verwildert ist, der von ihm geliebte Walnussbaum aber noch steht. Tonio verlässt schließlich das Haus, in dem nun oberhalb der Bibliothek fremde Menschen wohnen, und macht sich im Hotel zur Abreise bereit.

Verwechslung mit einem Hochstapler

Bevor er den Wagen besteigen kann, wird er vom Hoteldirektor und einem Polizisten aufgehalten und um seine Ausweispapiere gebeten. Tonio, der sich niemals einen Pass ausstellen ließ, erfährt, dass man ihn für einen Hochstapler hält, der sich auf der Flucht vor der Polizei nach Dänemark befindet. Der Irrtum klärt sich erst auf, als Tonio – als einzigen Beweis seiner Identität – die Korrekturfahnen seines neuesten Werkes vorweisen kann: Der Hoteldirektor möchte die peinliche Situation schnell beenden und so lässt ihn auch der Polizist endlich in die Droschke zum Hafen steigen.

7. Kapitel

Auf dem Schiff nach Kopenhagen

Auf der Schiffsüberfahrt nach Kopenhagen wandelt sich Tonios Niedergeschlagenheit und Traurigkeit aufgrund der Erlebnisse in seiner Heimatstadt in eine Stimmung des Entzückens und der Vertrautheit mit dem Meer, der Ostsee. Bei anbrechender Nacht an Deck spricht ihn ein junger Hamburger Kaufmannssohn an, der sich sentimental-pathetisch über die Nichtigkeit der menschlichen Existenz angesichts des überwältigenden Sternenhimmels auslässt. Tonio erträgt die schwärmerischen Banalitäten höflich-freundlich, nicht ohne insgeheim ironisch anzumerken, dass der junge Hamburger wahrscheinlich Verse schreibe, „tief ehrlich empfundene Kaufmannsverse“ (56).

Der junge Hamburger Kaufmann

Unruhige Nacht und die ersten Zeilen eines Gedichtes

Die Nacht wird unruhig – nicht nur aufgrund des starken Seegangs, der im Grunde Tonios aufgewühlte Stimmungslage widerspiegelt. Die ersten Zeilen eines Gedichtes entstehen, ein „Sang an das Meer, begeistert von

Liebe“ (57), aber ihm fehlt die Gelassenheit, die kalte Distanz zur Vollendung seines Kunstwerks: „Sein Herz lebte …“ (ebd.).

Weiterreise von Kopenhagen nach Aalsgaard

Tonio bleibt drei Tage in Kopenhagen, schaut sich die touristischen Sehenswürdigkeiten an, wird aber viel mehr von den Häusern, Namen und blonden, blauäugigen Menschen eingenommen, die ihn an seine Kindheit in seiner Vaterstadt erinnern. Noch immer voller Unruhe, verlässt er Kopenhagen auf dem Schiff in Richtung Helsingör und fährt schließlich weiter in einen kleinen Badeort namens Aalsgaard, wo er sich für einen längeren Aufenthalt einrichtet.

8. Kapitel

Aufenthalt im Badehotel

Zu Beginn werden die anderen Hotelgäste beschrieben. Tonio genießt seinen Aufenthalt in allen Einzelheiten, verbringt seine Zeit mit Spaziergängen am Meer und im Wald, verzichtet auf das Lesen und jegliche andere Aktivität. Doch eines Tages geschieht etwas Besonderes, was sich schon durch einen übernatürlich schönen Sonnenaufgang am Morgen ankündigt. Als Tonio von seinem Spaziergang zurückkehrt, ist das Hotel voller Tagesgäste. Man berichtet ihm, dass es eine Gesellschaft aus Helsingör sei und am Abend ein Ball veranstaltet werde. Tonios freudige Spannung wird noch dadurch verstärkt, dass plötzlich ein junges Paar die Veranda betritt, blond, hübsch, lebhaft, in dem Tonio Ingeborg Holm und Hans Hansen wiederzuerkennen glaubt.

Ein Ball als Wiedererleben

Am Abend, die Tagesgesellschaft ist von einem Ausflug zurückgekehrt, der Ball beginnt, schleicht sich Tonio unbemerkt auf die dunkle Veranda und schaut von dort durch eine geöffnete Tür in den Ballsaal. Er genießt die Rolle des heimlichen Beobachters, des Außenstehenden – eine weitere Reminiszenz an die Kindheitsszene des Tanzunterrichts. Weitere Ähnlichkeiten: Ballettmeister Knaak ist in dem ähnlich beflissenen und affektierten Festordner wiederzufinden, der junge blonde Mann und das blonde Mädchen (inzwischen ist deutlich, dass es sich nicht um Ingeborg und Hans, sondern um von „der Rasse und des Typus“ (67) vergleichbare Gäste handelt) üben in ihrer Keckheit und Selbstsicherheit eine wohlbekannte Faszination aus. Selbst die dunkle, unsichere Magdalena Vermehren kann in dem blassen, vernachlässigten Mädchen mit den dunklen Augen gesehen werden, von dem sich Tonio desinteressiert abwendet.

Erinnerungen

Tonios Gedanken, wie er die Blonden ansprechen, sich ihnen nähern könnte, werden unterbrochen durch die ihn erschreckenden Vorbereitungen für eine Quadrille. Hier wird er besonders von den schamvollen Erinnerungen an seine Schmach in der Tanzstunde überwältigt. In diesem Augenblick, und mit der erneuten Erinnerung an die Gedichtzeilen „Ich möchte schlafen, aber du mußt tanzen", wird ihm die unüberbrückbare Distanz zwischen seiner Existenz und dem Leben der durch Menschen wie Ingeborg und Hans und ihre dänischen Ebenbilder repräsentierten bürgerlichen Welt deutlich. Als auf dem Höhepunkt der Quadrille das dunkle Mädchen, wie damals Magdalena, stürzt, wendet sich Tonio nicht sofort ab, sondern hilft ihr höflich auf. Danach zieht er sich auf sein Zimmer zurück.

Tonios Reflexion über sein Leben

Die für ihn aufwühlenden Erlebnisse des Tages lösen in Tonio Kröger eine Reflexion über sein bisheriges Leben aus. Mit der endgültigen Aufgabe von Illusionen und Wünschen, Ingeborg möge zu ihm kommen und ihn zurückholen („Aber sie kam keines Weges. Dergleichen geschah nicht", 71), und dem ihn trotzdem erfüllenden Glücksgefühl („… und er war glücklich wie damals. Denn sein Herz lebte", ebd.) charakterisiert er seine Entwicklung als Künstler und Mensch: „Erstarrung; Öde; Eis; und Geist! Und Kunst!" (ebd.). Er erinnert sich noch einmal an sein Hin- und Hergerissensein zwischen den Extremen, die sein Leben bis jetzt bestimmten, und empfindet immer noch „Reue und Heimweh" (ebd.).

9. Kapitel

Tonios Brief an Lisaweta

Das letzte Kapitel der Erzählung beinhaltet Tonio Krögers versprochenen Brief an Lisaweta Iwanowna aus dem Norden, in dem er ein Fazit seiner Erlebnisse, eine Art Lebensbilanz zieht und gleichzeitig einen neuen künstlerischen Weg ankündigt.

Tonios Akzeptanz seiner Doppelexistenz

Tonio akzeptiert und unterstreicht Lisawetas ihn damals entsetzende Charakterisierung, er sei ein verirrter Bürger, und bekennt sich endgültig zu seiner Liebe zum Leben, die für ihn mit der Liebe zum Bürgertum identisch ist. Die Ambivalenz und Unentschlossenheit seines Lebensgefühls sieht er unter anderem auch in der Gegensätzlichkeit seiner Eltern angelegt:

> „Was herauskam, war dies: ein Bürger, der sich in die Kunst verirrte, ein Bohémien mit Heimweh nach der guten Kinderstube, ein Künstler mit schlechtem Gewissen" (72).

Vom Literaten zum Dichter

Er kündigt an, seine Liebe zum Bürgerlichen, zum Gewöhnlichen in Zukunft für sein künstlerisches Schaffen fruchtbar zu machen, vom Literaten zum Dichter zu werden. Er erkennt die Macht seines Wortes an, aber er sieht sie untrennbar verbunden mit seiner Liebe zu den „Blonden und Blauäugigen" (73). Tonios abschließende Beschreibung dieser Liebe, die in geringer Abänderung den Schlusssatz des ersten Kapitels aufgreift, spiegelt noch einmal sein ambivalentes und schwieriges, gleichwohl wichtiges Bild seiner künstlerischen wie menschlichen Existenz:

> „Sehnsucht ist darin und schwermütiger Neid und ein klein wenig Verachtung und eine ganze keusche Seligkeit" (ebd.).

Thematische Aspekte

Tonios Fremdheit und Außenseitertum

Der Außenseiter Tonio	
	➞ Schon als Jugendlicher unverstanden: Fremdheit des Namens, musische Interessen. ➞ Als junger Mann ein Fremder bei seiner Rückkehr in die Heimatstadt. ➞ Nach Ball-Erlebnis in Dänemark Akzeptanz seiner „Zwischen-Existenz".

> „Nicht selten dachte er auch: Warum bin ich doch so sonderlich und in Widerstreit mit allem, zerfallen mit den Lehrern und fremd unter den anderen Jungen?" (11).

Schon der vierzehnjährige Tonio Kröger spürt, dass er anders ist, nicht dazugehört, bei Mitschülern ein Gefühl von Befremdung, bei Lehrern gar Widerwillen auslöst. Obwohl als Sohn des wohlhabenden und angesehenen Konsuls Kröger mit ähnlich guten Lebensvoraussetzungen ausgestattet wie der von ihm geliebte Freund und Kaufmannssohn Hans Hansen oder auch Erwin Jimmerthal, Sohn des Bankdirektors, ist sich Tonio schmerzlich bewusst, dass ihn vieles, eigentlich alles, von deren Welt trennt.

Tonio: fremd unter den anderen

Schon allein sein Name, Ausdruck der so unterschiedlichen Herkunft seiner Eltern, hebt ihn heraus aus der Schar seiner Mitschüler mit den „allgemein anerkannte[n] Namen, die niemand befremdeten" (15). Hans Hansen nennt Tonio beim Nachnamen, sobald sie nicht mehr allein sind, und begründet dies in unbekümmerter Unsensibilität damit, dass er „Tonio" nicht leiden könne und dies überhaupt kein richtiger Name sei. Erwin Jimmerthals plump geheuchelte Anteilnahme, dies sei wohl etwas Besonderes, macht die Ausgrenzung Tonios augenfällig.

Ein ungewöhnlicher Name

Verstärkt wird diese äußere Fremdheit durch Tonios Aussehen, welches eindeutig durch seine südländische Mutter geprägt ist: Er ist brünett, dunkeläugig, zart, wirkt träumerisch und ein wenig nachlässig und hebt sich ab vom lebhaften, blonden und blauäugigen, sportlich-kräftigen Hans Hansen, der den nordischen Typus in vollkommener Weise verkörpert.

Äußeres geprägt durch die südländische Mutter

Am meisten unterscheidet sich Tonio aber in seinem Inneren, in seiner emotionalen und seelischen Befindlichkeit, von seiner Umgebung. Er ist musisch interessiert, liebt das Geigenspiel und das Dichten von Versen sowie Lesen von Literatur (beides scharf abgegrenzt vom Interesse seiner Mitschüler für Sport oder das Lesen von Pferdebüchern). Vor allem ist er von einer großen Sensibilität und Reflexionsfähigkeit, die ihn seine Erfahrungen und generell zwischenmenschliche Beziehungen durchschauen und verarbeiten lassen. Nicht ohne Grund schwärmt er von Schillers *Don Carlos* und identifiziert sich mit der Figur des Königs Philipp, deren für To-

Interesse für Musik und Literatur

nio entscheidendes Merkmal in ihrer Einsamkeit, dem Wunsch nach einem anderen Menschen, liegt.

Ausgeschlossen in der Tanzstunde

Die Einsamkeit, das Ausgeschlossensein und der unerfüllte Wunsch nach deren Überwindung durchzieht Tonios gesamte Jugend. Auch in der Tanzstunde gelingt es ihm nicht, seine beobachtende Distanz zu überwinden und in der Menge der sich harmlos vergnügenden Jugendlichen aufzugehen. Im Gegenteil: Er entfernt sich noch weiter, indem er, nach einem peinlichen Fehler, den Raum verlässt und „einsam, ausgeschlossen und ohne Hoffnung" (23) vor einer geschlossenen Jalousie steht. Wohl leidet er nicht an dieser Fremdheit, scheint sie vielmehr fast zu genießen, erkennt sie klar als ein sein Leben wesentlich bestimmendes Merkmal.

Ein Fremder in der Heimatstadt

Auch in den späteren Phasen seines Werdegangs wird Tonio Krögers Außenseiterrolle immer wieder deutlich. Als junger Mann auf dem Wege zum Literaten macht ihn das „Mal an seiner Stirn" (26), die Fähigkeit der Welterkenntnis und -analyse, zum Fremden „im Kreise der Harmlosen mit dem fröhlich dunklen Sinn" (ebd.). Als er, in einer Lebenskrise und künstlerischen Sackgasse, auf dem Weg in den Norden, nach Dänemark, seine Heimatstadt besucht, wandert er wie ein Fremder durch die ehemals heimischen Gassen und bleibt in seinem längst verkauften und anderweitig genutzten Elternhaus ein distanzierter Besucher. Im Hotel wird er gar für einen Betrüger gehalten. Nur mit Mühe kann er, der sich nie mit bürgerlichen Gepflogenheiten wie dem Erwerb eines Passes abgegeben hat, diesen Verdacht zerstreuen – auf eine der polizeilichen Autoritätsperson gänzlich fremde Art und Weise, nämlich durch die Präsentation von Korrekturfahnen seines aktuellen Werkes.

Beobachter beim Ball

In einem Badehotel in Tonios dänischem Urlaubsort kommt es schließlich zu einer beeindruckenden Begegnung, die gleichzeitig ein Déjà-vu-Erlebnis für ihn ist. In einem jungen Paar meint er Hans und Inge wiederzuerkennen, sie sind es aber nur „kraft der Gleichheit der Rasse und des Typus" (67). Abends wird er Zeuge einer großen Ballszene, in der sich bis in einzelne Episoden die unglückliche Tanzstunde seiner Jugend widerspiegelt. Nur ist Tonio hier von Anfang an ein Außenstehender, ein stiller Beobachter der Szene auf der dunklen Veranda. Wieder empfindet er weniger Leid als vielmehr „diebische[n] Genuß, hier im Dunkeln stehen und ungesehen Die belauschen zu dürfen, die im Lichte tanzten“ (65). Er tritt nur kurz ins Licht, als ein junges Mädchen – ähnlich wie damals Magdalena Vermehren – hinstürzt und er ihr aufhilft, sich dann aber sofort wieder und endgültig zurückzieht.

Tonios abschließender, resümierender Brief an Lisaweta ist Ausdruck der Akzeptanz seiner Existenz als Außenstehender – oder eher seiner Stellung zwischen zwei Welten, die noch näher zu betrachten sind.

Akzeptanz seiner Existenz als Außenstehender

Tonios Entwicklung als Künstler

Der Künstler Tonio

- ➟ Große Distanz zum Leben, Verbannung von Gefühlen, Herzlichkeit, Lebendigkeit.
- ➟ Aspekte der Dekadenz.
- ➟ Künstler als „Außermenschliches“, Dichter als Heiliger (Einfluss Schopenhauers).
- ➟ Künstler-Existenz als Fluch, „Erkenntnisekel“.

> „Er arbeitete nicht wie Jemand, der arbeitet, um zu leben, sondern wie Einer, der nichts will, als arbeiten, weil er sich als lebendigen Menschen für nichts achtet“ (27).

Zu Beginn seiner Laufbahn hat für Tonio Kröger der Künstler ein Mensch zu sein, der eigentlich nicht lebt, d. h. der zum Leben eine große Distanz halten muss. In dem langen Gespräch mit Lisaweta Iwanowna erläutert er ausführlich seinen Begriff vom Künstlertum und somit auch sein Selbstbild. Indem er seine Begegnung mit dem vor dem Frühling in ein Café flüchtenden Novellisten Adalbert aufgreift und diese mit seinen eigenen ihn beunruhigenden ‚Frühlingsgefühlen‘ verbindet, kommt er zu einer verallgemeinernden Aussage über das Wesen des Künstlers und dessen Gefährdungen.

Distanz zum Leben

Der Künstler muss Gefühle, Herzlichkeit, Lebendigkeit aus seiner Existenz verbannen, muss der Welt mit einem kalten, distanzierten Blick begegnen und dabei auch eine

Betrachter, nicht Erlebender

„gewisse menschliche Verarmung und Verödung“ (32) in Kauf nehmen, um wirkliche Kunstwerke und nicht nur Triviales, Sentimentales, Banales zu schaffen: „Es ist aus mit dem Künstler, sobald er Mensch wird und zu empfinden beginnt“ (ebd.). Der Künstler ist ein Betrachter, nicht ein Erlebender; wichtig ist nicht die Fähigkeit zu fühlen, sondern die Begabung für die ästhetische Gestaltung, für „Stil, Form und Ausdruck“ (31).

Tonio als Vertreter der Dekadenz

In seinen Forderungen nach Unbeteiligtheit und Distanz des Künstlers zum Leben und nach der ästhetischen Autonomie des Kunstwerks ist Tonio Kröger an dieser Stelle als ein Vertreter der Literatur der Dekadenz zu sehen. Dekadenz (französisch *décadence*) bezeichnet zunächst den physiologischen, sozialen, psychologischen Verfall einzelner Menschen, auch den kulturellen Niedergang, die sittliche Entartung einer Kultur oder Gesellschaft. In der Figur Tonio Krögers sind solche Aspekte der Dekadenz bereits in seiner Jugend angelegt, in seiner physischen Weichheit und Schwäche, seiner mangelnden Aktivität (im Gegensatz z.B. zu Hans Hansen). Später, zur Zeit seiner beginnenden Künstlerlaufbahn, ist von seiner geschwächten Gesundheit die Rede, die mit einer erhöhten Reizbarkeit und künstlerischen Fähigkeit einhergeht.

Auflösung der Familie

Im Bezug auf Tonios sozial-familiäres Umfeld berichtet der Erzähler von einem „Zustand des Abbröckelns und der Zersetzung“ (25): Großmutter und Vater sterben, Firma und Haus werden aufgegeben, die Mutter heiratet erneut und zieht fort – die großbürgerliche Familie löst sich auf.

Tradition des Fin de siècle

Literaturgeschichtlich schließlich kann der Begriff der Dekadenz-Dichtung nicht als eindeutige Beschreibung, sondern als Sammelbezeichnung für eine in vielen Facetten ausgeprägte Tendenz der Literatur des ausgehenden 19. Jahrhunderts, z.B. in Frankreich, Großbritannien, Österreich und Deutschland, gesehen werden, wie sie vor allem in Abgrenzung zum Naturalismus entstand. Aus der pessimistischen Vorahnung eines bevorstehenden kulturellen Untergangs (Fin de siècle) und dem indirekten Protest gegen die Fortschrittsgläubigkeit der

Gesellschaft heraus, in Verbindung mit hoher künstlerischer Sensibilität und Reflexionsfähigkeit, distanzieren sich die Décadents, wie Tonio Kröger, vom Leben der gewöhnlichen Menschen und von bürgerlichen Normen und Werten und erheben das Kunstwerk in die völlige subjektiv-individualistische Unabhängigkeit. Anders als im Naturalismus ist dem dekadenten Künstler die Vorstellung, sein Kunstwerk könne oder solle in irgendeiner Form auf die soziale Wirklichkeit einwirken, fremd. In diesem Sinne ist auch für Tonio der Inhalt seiner Werke nur das „an und für sich gleichgültige Material, aus dem das ästhetische Gebilde in spielender und gelassener Überlegenheit zusammenzusetzen ist“ (31).

Einfluss Schopenhauers

Der Künstler als etwas „Außermenschliches und Unmenschliches“ (ebd.) – hier ist Tonios Künstlerbegriff stark geprägt von der zur damaligen Zeit sehr populären Lehre des Philosophen Arthur Schopenhauer (1788–1860), die Thomas Mann bereits in jungen Jahren rezipiert hatte. In Schopenhauers Denken, z. B. dargelegt in seinem Hauptwerk *Die Welt als Wille und Vorstellung* (1818), bildet das Fundament das Prinzip des Willens. Dieser treibt die Menschen an, ist aber nicht zielgerichtet, sondern blind und sein eigener Grund. Er speist sich aus den Urquellen tierischer Instinkte, dient der Fortpflanzung wie der Selbstbehauptung, ist aber nicht lenkbar durch die Vernunft, die lediglich sein Instrument ist. Da der Wille nie ein Ziel erreicht, ist das Leben in Schopenhauers pessimistischer Weltsicht gleichzusetzen mit Leiden.

Leben als Leiden

Existenz des Dichters als Weg zur Erlösung

Aus diesem Leiden gibt es für Schopenhauer nur zwei Wege der Erlösung, die gleichzeitig eine Verneinung des Willens ist. Die Askese, bei der es zur völligen Abkehr vom Leben und zur Auslöschung des Willens kommt und die ästhetische Existenz des Musikers oder Dichters, der aus großer Distanz das Leben und die Menschen betrachtet und das „Innere der Welt und alles Letzte, was hinter den Worten und Taten ist“ (26), zur Sprache bringen kann. In dem Gespräch zwischen Tonio und Lisaweta zeigt sich, dass nicht nur Tonio, sondern besonders auch die Malerin Schopenhauers Bild des Künstlers vertritt; sie spricht von der „reinigende[n], heiligende[n]

Wirkung der Literatur“, von der „erlösende[n] Macht der Sprache“, vom Dichter, der als Literat „vollkommener Mensch“ und „Heiliger“ sei (35 f.).

Tonios Erkenntnisekel

An dieser Stelle wird allerdings ebenso deutlich, dass Tonio Kröger an dieser von ihm so eindringlich geschilderten Existenz des Künstlers auch leidet. Schon zuvor hatte er beklagt, „daß ich es oft sterbensmüde bin, das Menschliche darzustellen, ohne am Menschlichen teilzuhaben“ (32) und die Literatur als „Fluch“ (33) bezeichnet. Für ihn ist die reine Erkenntnis ohne die Teilhabe am Leben nicht (mehr) erstrebenswert, er empfindet so etwas wie einen „Erkenntnisekel“ (36) und vergleicht sich mit der literarischen Figur von Shakespeares Hamlet, dessen Fähigkeit zu erkennen und zu verstehen ihn desillusionierte und die Vergeblichkeit seines Handelns begreifen ließ. Die Erkenntnis macht den Künstler einsam, arrogant, müde und schließt ihn aus der menschlichen Gesellschaft aus, die ihn als dumm und meinungslos verkennt.

Kritik an der Sprache

Zudem hat Tonio jeglichen Glauben in die von Lisaweta angesprochene Macht der Sprache verloren, die für ihn nur ein kaltes Exekutieren von Emotionen bewirkt: „Ist die ganze Welt ausgesprochen, so ist sie erledigt, erlöst, abgetan …“ (37). Er gesteht Lisaweta, dass er das Leben liebe – und zwar das „Normale, Wohlanständige und Liebenswürdige“, „das Leben in seiner verführerischen Banalität“ (38). Ganz wie König Philipp in *Don Carlos*, mit dem er sich schon als Jugendlicher identifizierte, sucht er einen menschlichen Freund, aber nicht unter den Künstlern, den Literaten, den „Dämonen, Kobolden, tiefen Unholden und erkenntnisstummen Gespenstern“, sondern unter den „Anderen, den Blauäugigen“ (39), wohl wissend, dass diese für ihn unerreichbar sind, andererseits aber auch die Kunst nicht nötig haben bzw. sich in der Kunst nicht versuchen sollten, da sie dann wiederum von Künstlern wie ihm als Dilettanten verachtet würden.

Uneindeutigkeit von Tonios Künstlerexistenz

Lisaweta bleibt es am Ende des Gesprächs über die Kunst vorbehalten, Tonios uneindeutige Künstlerexistenz näher zu definieren: „Sie sind ein Bürger auf Irrwegen, Tonio Kröger, – ein verirrter Bürger“ (41). Und obwohl Tonio darauf entsetzt reagiert, ist damit der Konflikt dieser Figur, und damit auch die strukturbildende Thematik der Erzählung, benannt: die Polarität von Künstlertum und Bürgertum, die eigentlich eher die Antithese von Geist und Leben ist.

Tonios Vermittlung zwischen Künstlertum und Bürgertum, Geist und Leben

Der „verirrte Bürger" Tonio

- Gegensätzliche Einflüsse: künstlerische Mutter, bürgerliches Leistungsethos des Vaters.
- Entscheidung für den künstlerischen Weg mit größtmöglicher Distanz zur bürgerlichen Welt führt nicht zur Klarheit.
- Am Ende Versuch der Versöhnung der beiden Welten zu Gunsten eines menschlichen Künstlertums.

> „Zu fühlen, wie wunderbare spielende und schwermütige Kräfte sich in dir regen, und dabei zu wissen, daß diejenigen, zu denen du dich hinübersehnst, ihnen in heiterer Unzugänglichkeit gegenüberstehen, das tut sehr weh" (23).

Sehnsucht nach den Blonden und Blauäugigen

Der junge Tonio Kröger ist noch ganz in der bürgerlichen Umgebung seiner Kindheit und Jugend aufgehoben, als ihm schon klar ist, dass er einmal ein Künstler, ein Dichter werden wird. Er nimmt bereits die Unmöglichkeit vorweg, gerade die Menschen, nach denen er sich sehnt, die Blonden, Blauäugigen wie Hans und Ingeborg, damit zu erreichen. Von Anfang an ist sein Leben bestimmt von seiner bürgerlichen Herkunft, die er zwar hinter sich lässt, als er seine künstlerische Veranlagung ausbildet und zur anerkannten Meisterschaft bringt, von der er sich jedoch nie vollständig lösen kann. Als Kind liebt er zwar seine künstlerische, etwas bohemehafte Mutter, empfindet aber weit mehr Achtung und Respekt vor dem korrekten, traditionsbewussten Vater und dem bürgerlichen Leistungsethos, das dieser verkörpert. Tonio genießt die Literatur, schreibt Verse, ist hochsensibel und geht bereits gedanklich menschlichen Erfahrungen und Einsichten auf den Grund – aber er liebt Hans Hansen und später Ingeborg Holm, ihre Energie und Lebensnähe, ihre unbedarfte Oberflächlichkeit.

Respekt vor dem bürgerlichen Leistungsethos

Bewusste Distanzierung von der bürgerlichen Herkunft

Nachdem er als junger Mann seine enge Heimatstadt verlassen hat, „voller Spott für das plumpe und niedrige Dasein, das ihn so lange in seiner Mitte gehalten hatte“ (25), beginnt er sich bewusst von seiner bürgerlichen Herkunft zu entfernen. Er entwickelt sein Künstlertum weiter, was mit einem Umzug in den Süden, dem Herkunftsraum seiner Mutter, einhergeht. Dabei distanziert er sich gleichzeitig von den Regeln des bürgerlichen Anstandes und der Mäßigung, indem er ein sinnlich-ausschweifendes Leben führt, „so geriet er in Abenteuer des Fleisches, stieg tief hinab in Wollust und heiße Schuld“ (26). Aber auch diese Entwicklung verläuft nicht geradlinig weiter; Tonio leidet an dieser Lebensform und wieder tritt das bürgerliche Korrektiv ein – in der Erinnerung an seinen ruhigen, „reinlich gekleideten“ Vater oder auch in Form eines symbolträchtigen Bildes, das ihm immer als Inbegriff für die abzulehnende Boheme erscheint: „Welch Irrgang! […] Wie war es nur möglich, daß ich in alle diese excentrischen Abenteuer geriet? Ich bin doch kein Zigeuner im grünen Wagen, von Hause aus …“ (ebd.).

Lisawetas Urteil als Ansporn

Tonio Krögers Gespräch mit Lisaweta Iwanowna, in dem er ihr das Dilemma seines Lebensweges dargelegt hat, kulminiert in dem offenkundig vernichtenden Urteil der Malerin, er sei ganz einfach ein Bürger. Dies ist aber nicht das Ende („‚[…] nun kann ich getrost nach Hause gehn. I c h b i n e r l e d i g t.‘“, 41), sondern der Ausgangspunkt für eine weitere Entwicklungsstufe in Tonios Existenz. Auf seiner Reise in den Norden (seinem eigentlichen Sehnsuchtsziel) durchlebt er in gewisser Weise und wie im Zeitraffer noch einmal seine bisherige Entwicklung mit ihrer ganzen Problematik, zieht aber endlich die Schlüsse daraus, die es ihm ermöglichen, diese Problematik zwar nicht aufzulösen, aber als Bedingung seiner Existenz zu akzeptieren und für die Zukunft zu nutzen.

Außenseiter in der bürgerlichen Welt

Der kurze Besuch in seiner Vaterstadt führt ihm noch einmal die Enge vor Augen und macht ihm die Fremdheit schmerzlich bewusst. Gleichzeitig wird seine Außenseiterstellung gegenüber der bürgerlichen Welt und deren Autoritäten in der Verwechslung mit einem

Hochstapler besonders augenfällig. Auf dem Fährschiff nach Dänemark kommt noch einmal Tonios Überheblichkeit des wahren Künstlers gegenüber dem bürgerlichen Dilettantismus, verkörpert durch den sentimentalen, Verse schmiedenden Hamburger Kaufmannssohn, zum Tragen. Tonio, der wahre Künstler, ist allerdings ebenfalls unfähig, ein Kunstwerk zu schaffen (in diesem Fall ein Gedicht zu beenden), da er sich nicht von seiner sinnlichen Begeisterung und Bewegtheit beim Anblick der Ostsee, des geliebten Meeres, distanzieren und somit die nötige kalte Perfektion aufbringen kann. Auch in Kopenhagen, wo er sich einige Tage aufhält, wird er weniger durch die Kunst und Architektur inspiriert als vielmehr durch die Umgebung und die Menschen, jene Blauäugigen und Blonden.

Erkenntnis im Wiedererleben

Es ist schließlich die Episode in dem kleinen Badehotel, die Tonio in einen Spiegel schauen und ihm die seine Existenz bestimmende Antithese von Geist und Leben noch einmal deutlich werden lässt. Die vermeintliche Wiederbegegnung mit Hans Hansen und Ingeborg Holm (also eigentlich mit ihren dänischen Doppelgängern), das erneute „Erleben" einer Tanzszene, seine Rolle als außenstehender Beobachter, die bis in Details ähnlichen Gedanken und vergeblichen Wünsche nach Erwiderung seiner Sehnsüchte – es sind die Ereignisse dieses Abends, die in Tonio Kröger einen gedanklichen wie emotionalen Prozess auslösen, dessen Ergebnis schließlich in seinem Brief an Lisaweta (am Ende der Novelle) ausgedrückt wird.

Resümee im Brief an Lisaweta

In diesem Brief nimmt Tonio gleichsam den Gesprächsfaden an einem entscheidenden Punkt wieder auf und bedeutet der Freundin, wie Recht sie mit ihrer Charakterisierung hatte und dass sein Bürgertum und seine Liebe zum ‚Leben' eins und dasselbe sei. Tonio formuliert nun eine eigene, ausführlichere Selbstcharakterisierung, auch im Rückblick auf seine Herkunft: „Was herauskam, war dies: ein Bürger, der sich in die Kunst verirrte, ein Bohemien mit Heimweh nach der guten Kinderstube, ein Künstler mit schlechtem Gewissen" (72).

Ablehnung des reinen Künstlers

Gleichzeitig ist der Brief eine endgültige Absage an das reine Künstlertum im Sinne Schopenhauers, also an jenes außer- und unmenschliche ästhetische Wirken aus unbeteiligter Distanz, und eine Hinwendung zum Leben und die Akzeptanz seiner beständigen Sehnsucht für „das Simple, Treuherzige und Angenehm-Normale, das Ungeniale und Anständige" (72 f.).

Überführung von Nietzsches Lebensideal ins Bürgerliche

In der Schopenhauer-Kritik und positiven Bewertung des Lebens wird der Einfluss des Philosophen und Schopenhauer-Schülers Friedrich Nietzsche (1844–1900) deutlich, dessen Lektüre Thomas Mann (wie auch viele andere Intellektuelle) sehr beeinflusste. Allerdings wird Nietzsches drastisches Ideal vom Lebensstarken, der „blonden Bestie" und dem „Übermenschen", vom Autor gewissermaßen domestiziert in Tonio Krögers Bild von der bürgerlichen Welt und ihren „Wonnen der Gewöhnlichkeit" (73).

Vom Literaten zum Dichter durch den Humor und die Liebe zum Leben

Tonio akzeptiert seine Liebe zum Bürgerlichen nicht nur als sentimentale Reminiszenz an seine eigene Herkunft und Vergangenheit, sondern auch als wichtigen Bestandteil für sein (zukünftiges) künstlerisches Werk. Sie soll aus dem kalt-ironisch analysierenden „Literaten" einen humorvoll-gütigen, den Menschen nahen „Dichter" machen. So wird der antithetische Charakter zwischen Künstlertum und Bürgerlichkeit und damit verbunden die Zwischenstellung Tonios am Ende nicht aufgehoben, jedoch erhält die Bürgerlichkeit, d. h. die Liebe zum Leben, einen Wert an sich, ist „gut und fruchtbar" (ebd.), ohne dass der Künstler vollkommen in ihr aufgehen kann – „ein klein wenig Verachtung" bleibt noch in der „ganze[n] keusche[n] Seligkeit" (ebd.).

Figurenkonstellation

Die Hauptfigur Tonio Kröger

Tonio Kröger	➟ Als einzige Figur ausführlich charakterisiert. ➟ Zwischen zwei Welten: Antithetik des Namens, der Lebensorte, der Lebensweisen.

Die Hauptfigur ist als einzige in dieser Erzählung ausführlich charakterisiert, der Leser erhält ein rundes und vollständiges Bild vom Äußeren, von den Eigenheiten sowie der inneren Befindlichkeit der Person; er kann ihre Entwicklungsstufen nachvollziehen. Dies geschieht einerseits durch die direkte Charakterisierung, d.h. die konkrete Beschreibung und Kommentierung des auktorialen Erzählers, andererseits aber auch durch die indirekte Charakterisierung, wenn der auktoriale Erzähler sich zurückzieht und zum personalen Erzähler wechselt und der Leser das problematische Innenleben, die Haltungen und Einstellungen der Figur aus ihren Äußerungen und Reflexionen erschließt.

Nur Hauptfigur ausführlich charakterisiert

> „Ich stehen zwischen zwei Welten, bin in keiner daheim und habe es infolge dessen ein wenig schwer" (73).

Tonio Krögers Sonderstellung, die sich im Laufe der Erzählung zu der von ihm selbst so bezeichneten Mittelstellung verdeutlicht, wird dem Leser von Beginn an bewusst gemacht. Der Charakter Tonios, die Entwicklung der gesamten Figur, wird somit zum Spiegel für die Thematik der Novelle. Nur in dieser Figur, und besonders auch in ihrer Beziehung, vielleicht besser Abgrenzung, zu allen anderen Figuren, gestaltet der Autor die für ihn wichtigen inhaltlichen Fragestellungen.

Tonios Mittelstellung

Schon allein der Name, den der Autor seiner Hauptfigur gibt, hat eine symbolische Bedeutung: Zunächst drückt er natürlich die ungewöhnliche Verbindung zweier unterschiedlicher Elternfiguren aus, wobei die Unterschiedlichkeit sowohl in der geografischen Herkunft als auch in der Wesensart begründet ist – beides Aspekte, die auch für Tonio bestimmend sind. Zudem stattet der Name (Hans Hansen nennt ihn „verrückt") ihn mit einer Exotik aus, die mit seiner Außenseiterrolle korrespondiert.

Name mit symbolischer Bedeutung

Die Bipolarität, die sich in dem Namen ausdrückt, setzt sich fort in Tonios geografischen ‚Wanderungen' zwischen dem Norden (Heimat seines Vaters und zunächst auch seine) und dem Süden (Heimat seiner Mutter und vorübergehend auch sein Aufenthalts- und Schaffensort). Beide vermögen ihm nicht die endgültige Heimat zu

Antithese der Orte

Zwei Daseinsformen – zwei Welten

sein. Und im übertragenen Sinn, eng damit verknüpft, sind es die beiden Welten als Daseinsformen, das Bürgertum und das Künstlertum, zwischen denen Tonio Kröger hin und her ‚irrt' und die am Ende auf eine wenn auch fragile Weise versöhnt scheinen.

Andere Figuren als Kontrastfiguren

Eine genaue und psychologisch fundierte Charakterisierung Tonios ist nur möglich, wenn man die Figur in ihren unterschiedlichen Beziehungen zu den anderen Figuren betrachtet. Diese bleiben als Charaktere flach, verändern oder entwickeln sich nicht und sind stark typisiert. Sie haben kein Eigenleben, sondern dienen in der Erzählung lediglich als Folien bzw. als Kontrastfiguren für die Charakterisierung bzw. das Verständnis der Hauptfigur. Dabei lassen sie sich – gemäß der mehrfach angesprochenen Problematik – in zwei Gruppen einteilen.

Die Blonden und Blauäugigen, die Bürger

Die Bürger	
	➞ Hans Hansen und Ingeborg Holm: nordisches Äußeres, vital, oberflächlich, selbstgewiss. ➞ Das dänische Paar als Spiegelung von Hans und Inge; Katalysatoren für Tonios Erkenntnis. ➞ Tonios Vater: leistungsorientiert, traditionsbewusst, mit Anzeichen von Dekadenz (exotische Ehefrau, Blume im Knopfloch).

Hans Hansen

Hans als Idealtyp der Blonden und Blauäugigen

Gleich zu Beginn der Erzählung begegnet der Leser dem ‚Idealtyp' dieser Gruppe: Hans Hansen, Tonios Mitschüler und von ihm geliebter Freund. Schon sein Name verdeutlicht die ungebrochene Existenz dieses Jungen, der – ganz im Gegensatz zu Tonio – völlig im Einklang mit sich und seiner Umwelt lebt. Sein nordisches Äußeres, die blonden Haare, die blauen Augen, die Kraft und Vitalität, die er ausstrahlt, heben sich deutlich ab von Tonios dunklem Aussehen, der zarten Konstitution, dem Hang zur Passivität und Träumerei.

Leben in Einklang mit den bürgerlichen Werten

Hans' jugendliches Leben ist gekennzeichnet von Erfolg in der Schule, Beliebtheit bei Mitschülern und Lehrern, durch eine fast zärtliche Freude und Bewunderung der Menschen, die ihn treffen: Er ist ‚everybody's darling'.

Nicht nur seine Leistungen in der Schule, auch seine Freizeitaktivitäten entsprechen den bürgerlichen Erwartungen an ein gelingendes und harmonisches Leben. Tonio weiß das: „Wer so blaue Augen hätte, […] und so in Ordnung und glücklicher Gemeinschaft mit aller Welt lebte wie du! Stets bist du auf eine wohlanständige und allgemein respektierte Weise beschäftigt“ (12).

Tonios zwiespältiges Leiden am Anderssein

Er liebt Hans, gerade weil dieser in allem das Gegenteil von ihm selbst verkörpert, und empfindet eine „neidische Sehnsucht“ (12). Ihm ist aber auch bewusst, dass sein heimlicher Wunsch, „Zu sein wie du …“ (ebd.), ein nur rhetorischer ist. Tonio möchte eigentlich gar nicht so werden wie Hans, was auf eine beginnende Akzeptanz seiner Sonderstellung hinweist. Sein Leiden an dieser Außenseiterrolle, an dem Ausgeschlossensein von den „Ordentlichen und Gewöhnlichen“ (15) wie Hans, ist ein zwiespältiges. Es enthält wohl Trauer, aber auch eine Spur Überheblichkeit im Hinblick auf seine eigene Sensibilität und Reflexionsfähigkeit: „Wie weh es tat, dies alles durchschauen zu müssen!“ (ebd.). Andererseits möchte Tonio Hans auch nicht verändern, sozusagen auf seine Seite ziehen, obwohl er versucht, in ihm ein Interesse für die Lektüre des *Don Carlos* zu wecken. Mit Freude registriert der sensible Tonio, dass auch Hans nicht gänzlich unsensibel für seine Liebe ist und ihm – neben einer neidlosen Achtung für seine sprachliche Überlegenheit – immer wieder entgegenkommt und zumindest ein wenig Interesse an Tonios Gedanken und Äußerungen zeigt. Dies bleibt aber oberflächlich, Hans ist viel zu schnell wieder von seinesgleichen (wie Erwin Jimmerthal) abzulenken und schon sein Sprachduktus bezeugt die große Distanz, die zwischen den Gedankenwelten der beiden Jungen liegt: „‚Übrigens werde ich nächstens ‚Don Carlos‘ lesen! […] Das mit dem König im Kabinett muß famos sein!‘“ (16).

Ingeborg Holm

Ingeborg Holm als weibliches Pendant zu Hans

Ingeborg Holm, die der sechzehnjährige Tonio liebt, kann als weibliches Pendant zu Hans Hansen gesehen werden. Sie ähnelt diesem sowohl äußerlich, „mit dem dicken, blonden Zopf, den länglich geschnittenen, lachenden, blauen Augen“ (18), als auch in ihrer lebenslustigen Attraktivität, wenn sie „auf eine gewisse übermütige Art lachend den Kopf zur Seite warf“ (17). Auch in ihrer Oberflächlichkeit und unproblematischen Einstellung zu ihrer Umwelt ist sie viel näher an Hans als an Tonio; so bewundert sie z. B. völlig unreflektiert den Tanzlehrer Knaak, dessen Dummheit und Lächerlichkeit Tonio in der ihm eigenen Gedankentiefe entlarvt.

Oberflächlichkeit

Die trotz Tonios sehnsüchtiger Liebe herrschende Distanz zwischen ihm und Hans Hansen, die nur von Zeit zu Zeit und kurz überbrückt werden konnte, ist im Fall von Inge Holm noch ins Extreme gesteigert. Es kommt zu keinerlei Kontakt zwischen ihr und Tonio, sie nimmt keine Notiz von ihm – außer in dem Augenblick seiner größten Scham, als er vom Ballettmeister Knaak aufgrund seines Tanzfehlers bloßgestellt wird und alle, so auch sie, Tonio auslachen. Am Ende, in einer seiner quälenden Selbstreflexionen, muss er sich eingestehen, dass es nie eine Verbindung zwischen ihm und Inge geben wird, weder wird sie seine Liebe auch nur erahnen und auf ihn zugehen („Dergleichen geschah nicht auf Erden“, 22) noch würde sein zukünftiges Künstlertum auf sie Eindruck machen.

Kein Kontakt zu Tonio

Hier wird deutlich, dass Tonio Inge Holm im Grunde, wie auch Hans Hansen, nicht als Individuum, sondern als Repräsentanten jener selbstgewissen, unbeschwerten Lebensweise ansieht und liebt, die nicht die seine ist, für die er aber sein Leben lang eine starke Affinität hat und die er durch seine Kunst niemals erreichen wird.

Selbstgewissheit und Unbeschwertheit der Bürgerlichen

Das dänische Paar

Das junge dänische Paar, das Tonio Kröger viele Jahre später während seines Aufenthaltes in einem kleinen dänischen Badehotel trifft, ist in diesem Zusammenhang als eine Art Spiegelung zu sehen. In ihrer „lichten, stahlblauäugigen Art, die eine Vorstellung von Reinheit, Ungetrübtheit, Heiterkeit und einer zugleich stolzen und schlichten, unberührbaren Sprödigkeit hervorrief“ (67), sind sie gewissermaßen die Wiedergänger Hans’ und Inges, Teil eines Déjà-vu-Erlebnisses, das letzten Endes zu Tonios Selbstannahme führt. Noch einmal wird ihm in diesen beiden – und in einer bis auf Details identischen

Das dänische Paar als Spiegelung von Hans und Inge

Situation – das ‚Leben' vorgeführt, zu dessen Liebe er sich später in dem Brief an Lisaweta bekennt. Es ist ein Leben, das er so nicht führen kann und will, aber das er endlich als Teil seines Künstlertums akzeptiert.

Tonios Vater

Tonios Vater als Repräsentant bürgerlicher Werte

Als Repräsentant des (Groß-)Bürgertums muss auch Tonios Vater, „ein langer, sorgfältig gekleideter Herr mit sinnenden blauen Augen, der immer eine Feldblume im Knopfloch trug" (10), gesehen werden. Dessen Werte, Leistungserwartungen, Traditionsbewusstsein hat Tonio verinnerlicht, er achtet und respektiert seinen Vater, sogar in dessen Zorn über die schlechten Schulleistungen seines Sohnes, den dieser ganz berechtigt findet. In der anfänglichen Phase seiner künstlerischen Laufbahn äußert sich das väterliche Leistungsethos in Tonios Beharrlichkeit, in einem „seltene[n], zäh ausharrende[n] und ehrsüchtige[n] Fleiß" (27), der – zusammen mit seiner künstlerischen Begabung – große Kunstwerke entstehen lässt.

Tendenzen zum Nicht-Bürgerlichen

In seinem Brief an Lisaweta charakterisiert Tonio seinen Vater als „nordisches Temperament: betrachtsam, gründlich, korrekt aus Puritanismus und zur Wehmut geneigt" (72). In dem letzten Ausdruck, sowie auch in des Vaters Eigenart, immer eine Feldblume im Knopfloch zu tragen, und in seiner Heirat ausgerechnet mit einer südländischen, musisch begabten Schönheit zeigt sich, dass auch der Konsul Kröger eine Tendenz zum Nicht-Bürgerlichen hat, wenn auch nicht in dem selbstquälerischen Ausmaß wie sein sensibler Sohn.

Die Lebensfernen und Außenseiter, die Künstler

Die Künstler

- Tonios Mutter: südländisches Aussehen, musisch, gleichgültig gegenüber bürgerlichen Werten.
- Magdalena Vermehren und ihr dänisches Pendant: ähneln Tonio, sensibel, schwach.
- François Knaak: lächerlich, Künstler ohne Besinnung.
- Adalbert: der Lebensferne.
- Lisaweta: die Lebensnahe.
- Dilettanten: die verdeckten Bürger.

Tonios Mutter Consuelo

Tonios Mutter als Gegenfigur zum Vater: Hang zum Musischen

Die Antithese zum Vater Konsul Kröger bildet Tonios Mutter Consuelo – und damit ist sie im Sinne der Prägung und Entwicklung ihres Sohnes eher eine Komplementärfigur. Auch sie wird anfangs vom Erzähler und am Ende im Brief an Lisaweta von Tonio selbst charakterisiert. Abgesehen von ihrem auffälligen südländischen Aussehen, wodurch sie schon in Kontrast zu den sie umgebenden Menschen in Tonios Heimatstadt steht, zeichnet sie sich durch ihren Hang zum Künstlerischen, vor allem zur Musik, aus (sie selbst spielt Mandoline und Flügel und fördert Tonios Geigenspiel). Besonders wichtig für die Entwicklung Tonios ist aber ihr Ignorieren gesellschaftlicher Werte und Leistungsanforderungen, wie sie z. B. durch Tonios Vater repräsentiert werden. So legt sie keinen Wert auf gute Schulleistungen und nimmt Tonios Versagen gleichgültig hin.

Tonios kritische Sicht

Damit verschärft sie die inneren Konflikte ihres Sohnes, der sie zwar liebt, aber nicht respektieren kann, weil er zugleich den für ihn begründeten Zorn seines Vaters über seine schlechten Schulleistungen anerkennt. Wenn Tonio am Ende seine Eltern noch einmal direkt charakterisiert und von seiner Mutter sagt, sie sei „von unbestimmt exotischem Blut, schön, sinnlich, naiv, zugleich fahrlässig und leidenschaftlich und von einer impulsiven Liederlichkeit“ (72), dann drückt sich darin seine zwiespältige Einstellung ihr gegenüber aus, emotionale Zuwendung gepaart mit rationaler Kritik – und wiederum das Aufeinandertreffen bürgerlicher und künstlerischer Wertmaßstäbe.

Magdalena Vermehren

Tonio lehnt die Außenseiterin Magdalena Vermehren ab

Das sanfte, dunkeläugige Mädchen in Tonios Tanzstunde, etwas ungeschickt und unsicher (sie fällt oft hin), ist zunächst und unmittelbar eine Kontrastfigur zu der blonden und von Tonio angebeteten Ingeborg Holm. Wichtiger ist aber ihre Funktion als eine Art Doppelung von Tonio selbst. Sie, die ihn wohl heimlich liebt, sucht immer wieder seine Nähe, interessiert sich für seine Poesie, bleibt gleichzeitig ein Fremdkörper in der sie umgebenden lebenslustigen und heiter-oberflächlichen Schar der Bürgerkinder. Tonios Ignorieren, ja Ablehnung ihrer Gefühle für ihn zu Beginn der Erzählung ist somit symbolisch als Verzweifeln an seiner eigenen Außenseiterstellung zu sehen.

Tonio ändert sein Verhalten gegenüber Magdalenas ‚Wiedergängerin'

In diesem Sinne kann man von seinem veränderten Verhalten gegenüber Magdalenas ‚Wiedergängerin', dem blassen dänischen Mädchen in der Ballszene zum Ende der Erzählung, auf eine Entwicklung, eine veränderte Einstellung Tonios schließen: Als die junge Frau stürzt (eine Wiederaufnahme des Motives des Hinfallens), hilft Tonio ihr auf, zieht sich aber dann zurück, nachdem er noch einmal auf Ingeborg Holms und Hans Hansens blonde Doppelgänger geschaut hat. Ins Symbolhafte erhoben: Er nimmt sein Anderssein, seinen Hang zur dunklen, vom Künstlerischen geprägten Schwermut an, aber gibt seine Sehnsucht, seine Bewunderung für die lebensstarke, unbeschwerte Bügerlichkeit nicht auf.

François Knaak

Der lächerliche François Knaak

Tonio Köger umgeben in der Erzählung einige Künstler-Gestalten unterschiedlicher Art. Da ist zuerst der Ballettmeister François Knaak, dem Tonio in der Tanz- und Benimmstunde in seiner Jugend begegnet. Schon der Name, diese komisch wirkende Kombination aus französischer Eleganz und bürgerlicher Derbheit, charakterisiert die Uneinheitlichkeit dieser Figur und nimmt Tonios ironisches, fast verächtliches Urteil vorweg. „Wie wunderbar der seidig schwarze Gehrock sich an seine fetten Hüften schmiegte!" (18). Knaak hat zwar die künstlerische Laufbahn gewählt, zeigt das elegante modische Zubehör wie die manirierte Sprechweise, die seiner Auffassung nach den Künstler auszeichnen, und wird somit zum Objekt der ungeteilten Bewunderung seiner bürgerlichen Eleven.

Unreflektiertes Künstlertum

Tonio jedoch durchschaut die Selbstverliebtheit, die selbstgerechte Dummheit, das vollkommen unreflektierte, nur auf äußere Effekte setzende Künstlertum Knaaks:

> „Was für ein unbegreiflicher Affe […] Wie ruhevoll und unverwirrbar Herrn Knaaks Augen blickten! Sie sahen nicht in die Dinge hinein, bis dorthin, wo sie kompliziert und traurig werden; sie wußten nichts, als daß sie braun und schön seien" (20).

In der direkten Konfrontation mit Knaak – dieser macht aus Tonios ‚Fehltritt' beim Tanzen mit seiner affektierten Art eine belustigende Szene für die anderen Jugendlichen – bestätigt sich für Tonio auf beschämende Weise seine Erkenntnis von der Liebenswürdigkeit der Dummheit und der Ignoranz gegenüber seiner eigenen Sensibilität.

Novellist Adalbert

Adalbert – der Künstler auf der Flucht vor dem Leben

Im Umfeld des erwachsenen Tonio Kröger ist zunächst der Novellist Adalbert zu nennen. In seiner ‚Flucht' vor dem Frühling in ein abgeschlossenes Café verkörpert er ein extremes Künstlertum. Er schließt das Leben, das Natürliche aus; er braucht ein „neutrales, vom Wechsel der Jahreszeiten unberührtes Gebiet, [...] die entrückte und erhabene Sphäre des Literarischen [...], in der man nur vornehmerer Einfälle fähig ist" (30). Stellte François Knaak ein Künstlertum völlig ohne Reflexion dar, so steht Adalbert für ein Künstlertum als reine Reflexion, Geistesakrobatik ohne jegliches Leben – beide Ausprägungen lehnt Tonio ab.

Lisaweta Iwanowna

Lisaweta – die Künstlerin mitten im Leben

Die wichtigste Figur für Tonio im Hinblick auf seine Entwicklung ist seine Freundin Lisaweta Iwanowna. Als Malerin hat sie sich ebenfalls der Kunst verschrieben, aber ihr gelingt eine Verbindung zwischen der Kunst und dem Leben ‚draußen'. Sie hat die Fenster geöffnet, in ihrem Atelier nimmt Tonio eine Mischung aus „Fixativ und Frühlingsarom" (29) wahr. Im Gegensatz zu Adalbert stört sie der Frühling, das Lebendige, Natürliche nicht. Obwohl sie sich als „dummes, malendes Frauenzimmer" (35) bezeichnet, ist sie alles andere als das. In der Auseinandersetzung mit ihr und ihrem Kunstbegriff wird Tonio zur Selbstreflexion gezwungen, er muss in Bezug auf sein eigenes Künstlertum einen Standpunkt beziehen. Noch wichtiger ist ihre abschließende Charakterisierung Tonios. Indem sie ihn als „Bürger auf Irrwegen" (41) bezeichnet, setzt sie – trotz seiner spontanen Äußerung, er sei erledigt (ebd.) – den Willen zu einem Erkenntnisprozess in Gang, der schließlich in seinen Aufbruch in den Norden mündet. Lisaweta hat somit auch innerhalb der Handlung der Erzählung die Funktion, die stockende Handlung voranzutreiben und den Weg der Hauptfigur zu verlängern.

Die „Dilettanten"

Zuletzt sind noch die von Tonio so bezeichneten Dilettanten zu erwähnen. Das sind Menschen, die eigentlich dem Bürgerlichen angehören, sich aber ab und zu künstlerisch betätigen wollen und dabei scheitern. Als Beispiele können der Leutnant, der auf einer Abendgesellschaft peinliche Verse vortrug, und der junge Hamburger Kaufmann, der sich auf dem Schiff nach Dänemark in poetischen Klischees über die Sterne ergeht, genannt werden. Tonio beurteilt diese künstlerischen Versuche mit mitleidiger Überheblichkeit – Gelegenheitskünstler mit fester Verwurzelung im Bürgertum ist für ihn eine Unmöglichkeit.

Dilettanten – die verdeckten Bürger

Darstellung

Aufbau und Strukturmerkmale

Strukturelle Merkmale

- Keine stringente Handlungsführung; Episodencharakter und essayistische Passagen.
- Zusammenhang einzelner Kapitel durch Spiegelungen, Doppelungen, sprachliche Verknüpfungen.
- Leitmotivtechnik: Situationen, Äußerungen, Symbole werden wiederholt.
- Intertextualität: Bezüge zu anderen literarischen Werken als Spiegelung von Tonios Entwicklung.

Tonio Kröger wurde zusammen mit fünf anderen Texten in der Sammlung *Tristan* veröffentlicht. Thomas Mann bezeichnete diese damals als „Novellen". Später benutzte er für *Tonio Kröger* auch noch die Begriffe „Erzählung", „lyrische Novelle" oder auch „Prosaballade". Dies deutet bereits an, dass der Text nicht die ‚klassischen' Merkmale der Novellenform aufweist, wie z. B. eine stringent erzählte Ereignisfolge mit straffer, meist einsträngiger Handlungsführung auf einen Höhe- und Wendepunkt

Keine Novelle im klassischen Sinn

hin, das Hervortreten eines zentralen Konflikts, der zu einer Entscheidung geführt wird, und damit das Vernachlässigen ausführlicher Schilderungen von äußeren Umständen und psychologischen Zuständen. Nur mit Mühe haben Rezipienten, zum Teil wenig überzeugend, versucht, die „sich ereignete unerhörte Begebenheit" nach Goethes berühmter Novellendefinition in Thomas Manns Erzählung zu identifizieren.

Handlungsarmut

Tonio Kröger entzieht sich diesen einschlägigen Typisierungen schon aufgrund der Handlungsarmut, des Episodencharakters der dargestellten Situationen und des großen, eher essayistischen Anteils mit seinen Reflexionen und kunsttheoretischen Passagen. Gleichwohl weist der Text eine kunstvolle, von der inhaltlichen Thematik dominierte Struktur auf, die besonders durch Antithesen und Spiegelungen, Doppelungen und Leitmotivik bestimmt ist und somit den Themenkomplex Geist und Leben, Künstlertum und Bürgertum gestalterisch umsetzt.

Kunstvolle Struktur durch Antithesen, Spiegelungen und Doppelungen

Die Erzählung hat neun Kapitel, wobei man das fünfte Kapitel, die Entscheidung Tonios, eine Reise nach Dänemark und damit auch gewissermaßen in die Vergangenheit anzutreten, als eine Art Achse ansehen kann. Die jeweils vier Kapitel der beiden entstehenden Teile sind nun auf mehrfache Art miteinander verknüpft.

So kann das erste Kapitel, die expositorische Einführung der Hauptfigur und ihres Konfliktes, mit dem neunten (dem letzten) verbunden werden, in dem die Hauptfigur zu einer Art vorläufigen Lösung gelangt. Dies wird auch sprachlich durch die fast identische Wiederholung des letzten Satzes ausgedrückt, in dem lediglich das distanzierende erzählende Präteritum zum Präsens, also zur personalen Gewissheit wird.

Das zweite Kapitel, zunächst Doppelung des ersten, indem die Situation des jungen Tonio noch einmal verdeutlicht wird, spiegelt sich im achten Kapitel durch die Darstellung einer nahezu identischen Situation (Tanzszene mit Tonio als heimlichem Beobachter) mit oft wörtlichen Übernahmen, allerdings schließt sich daran nicht eine ‚Flucht' (wie im dritten Kapitel), sondern eine bewusste Annahme seiner Existenz an.

Das dritte Kapitel, die geraffte Darstellung von Tonios Weg in den Süden, sein sich entwickelndes Künstlertum, korrespondiert mit dem siebten, seinem aus ähnlichen Motiven der Unzufriedenheit, des Ausbrechenwollens angetretenen, aber entgegengesetzten Weg in den Norden, nach Dänemark.
Das vorangehende sechste Kapitel, die kurze Rückkehr in seine Heimatstadt, weist (wieder bis in einzelne Beschreibungen) Rückbezüge zum ersten auf und betont gleichzeitig noch einmal die Fremdheit, das Außenseitertum Tonios, das schon zu Beginn der Erzählung skizziert wurde.
Und schließlich ist das lange vierte Kapitel, die Reflexion Tonios über das Künstlertum und seine eigene Existenz mit der schockierenden Charakterisierung durch Lisaweta, eng mit dem neunten Kapitel, dem Brief Tonios an Lisaweta, verknüpft, in dem jene Reflexion zu einem vorläufigen Ergebnis kommt und Lisawetas Aussage von Tonio nun vollends bestätigt wird.

Leitmotivik

Thomas Manns Beschäftigung mit Musik, vor allem mit dem Werk des Komponisten Richard Wagner, spiegelt sich in *Tonio Kröger* vor allem in dem strukturbildenden Element der Leitmotive wider. Im musikalischen Zusammenhang ist ein Leitmotiv eine zur Wiederholung bestimmte, festgelegte Tonfolge in Verbindung mit einer Figur, einer Situation, einer Stimmung oder eines Gefühls, die eine charakterisierende Funktion erhält und bei ihrer Wiederkehr die Erinnerung daran auslöst. In seiner Erzählung hat Thomas Mann eine Reihe von Leitmotiven unterschiedlicher Art geschaffen, z. B. Situationen, Äußerungen (Wortfolgen oder Sätze), Dingsymbole, die über die antithetische oder spiegelbildliche Beziehung einzelner Kapitel hinaus innere, thematische Klammern bilden.

Nur einige wenige repräsentative Beispiele:
So werden im ersten Kapitel Eindrücke auf Tonios und Hans Hansens Spaziergang genannt – der vorbeifahrende Zug, das Zählen der Waggons, das Quietschen der Gartenpforte – die Tonio nach seiner Rückkehr in die Heimatstadt im sechsten Kapitel genauso wieder erlebt: Zeichen der lebhaften Vergegenwärtigung der Vergangenheit.

Die „Blonden und Blauäugigen" als Repräsentanten des unbeschwerten, aktiven Bürgerlebens, nach dem sich Tonio so sehnt, tauchen immer wieder in der Erzählung auf. Im Gegensatz dazu sind die häufig von Tonio zitierten „Zigeuner im grünen Wagen" für ihn der Inbegriff des Ausgeschlossenseins, der antibürgerlichen Existenz. Einzelne Sätze werden mit leichten Variationen wieder aufgenommen, wie z.B. „denn seine Sprache war nicht ihre Sprache" (23) in der ersten und „Denn ihre Sprache war nicht seine Sprache" (69) in der zweiten Tanzszene (die Ausgegrenztheit Tonios in dessen Bewusstsein spiegelnd) oder der schon oben erwähnte Schlusssatz des ersten und des letzten Kapitels. Schließlich kann der alte Walnussbaum im Kröger'schen Garten genannt werden, als Symbol für Heimat, Verwurzelung, aber auch Standfestigkeit, die einschränkt – und dem gegenüber das Meer (die Ostsee) für Ferne und Unverbundenheit, für Hoffnung und Trost.

Beispiel: Zigeuner im grünen Wagen

Im Zusammenhang mit den Leitmotiven können auch die Anspielungen auf andere literarische Werke gesehen werden. Tonio erinnert sich an die Zeile „Ich möchte schlafen, aber du musst tanzen" aus Theodor Storms Gedicht „Hyazinthen", beide Male während er Ingeborg Holm bzw. ihre dänische Doppelgängerin beim Tanzen beobachtet. Dieses Zitat verbildlicht den unüberbrückbaren Gegensatz zwischen Schlafen, d.h. hier auch Lieben und uneingeschränkter Lebensgenuss, und Tanzen, womit die einschränkende und fordernde Verpflichtung zur Kunst gemeint ist.

Bezüge zu literarischen Werken: Storm, Schiller, Shakespeare

Theodor Storms Novelle *Immensee* und Friedrich Schillers Drama *Don Carlos* gehören zu Tonios Lieblingslektüren – in beiden Fällen identifiziert er sich mit Figuren in diesen Werken, die durch ihre Außenseiterrolle, die Unfähigkeit, sich in ihre Umgebung zu integrieren, sein Schicksal widerspiegeln. Auch in *Hamlet*, der Titelfigur aus William Shakespeares gleichnamigem Drama, findet Tonio charakteristische Aspekte seiner eigenen Existenz, vornehmlich den „Erkenntnisekel", die abstoßende und lähmende Einsicht in die Abgründe menschlichen Handelns, die unüberwindlich scheinende Disharmonie mit der Welt.

Erzählweise und Perspektive

Erzählweise und Perspektive
➟ Grundsätzlich auktoriale Perspektive: Erzähler berichtet, kommentiert, bestimmt die Zeitgestaltung. ➟ Wechsel zur personalen Perspektive mit erlebter Rede und innerem Monolog bewirkt starke Subjektivierung, macht den inneren Prozess Tonios noch deutlicher.

Auktorialer Erzähler

Grundsätzlich wird die Geschichte Tonio Krögers von einem auktorialen, d.h. außerhalb des Geschehens stehenden, allwissenden Erzähler dargeboten. Dieser hat den Überblick über die Handlung, bedient sich unterschiedlicher Zeitgestaltung (z.B. einer starken Zeitraffung im dritten Kapitel, wo ungefähr vierzehn Jahre in Tonios Leben auf knappem Raum zusammengefasst werden) und greift immer wieder erläuternd und kommentierend, damit auch Leser lenkend, in die Schilderung ein: „Die Sache war die, daß Tonio Hans Hansen liebte und schon Vieles um ihn gelitten hatte“ (9).

Wechsel zur personalen Perspektive

Diese auktoriale Perspektive wird allerdings nicht durchgängig beibehalten, sondern geht immer wieder in eine personale über, wobei der Erzähler seine Distanz aufgibt und sich vollkommen die subjektive Perspektive einer Figur, nämlich Tonios, aneignet.

Erlebte Rede

Dabei wird als Figurenrede z.B. die erlebte Rede gewählt, die direkte Wiedergabe der Gedanken der Figur, allerdings in der Er-Form und unter Beibehaltung des Tempus (in diesem Fall Präteritum) der Erzählung.

Innerer Monolog

Eine weitergehende Subjektivierung erfährt die Erzählweise durch den Wechsel in den inneren Monolog, d.h. die direkte Wiedergabe der Gedanken und Gefühle der Figur in der Ich-Form und im Präsens als Ausdruck der höchstmöglichen Unmittelbarkeit.

Eine längere Textpassage aus dem achten Kapitel mag zur Illustration dieser Erzählweise dienen; Tonio beobachtet die dänische Doppelgängerin Ingeborg Holms beim Tanzen. Auf einen einleitenden Erzählerbericht, der die konkrete Situation schildert, folgt der Blick in das Innere Tonios in Form der erlebten Rede; die Häufung von Fragen zeigt auf, wie er versucht, seine Gefühle zu analysieren:

> „Sie bewegte sich vor ihm hin und her […]; ein Duft, der von ihrem Haar oder dem zarten Stoff ihres Kleides ausging, berührte ihn manchmal, und er schloß die Augen in einem Gefühl, das ihm von je so wohl bekannt gewesen […] Was war es doch? Sehnsucht? Zärtlichkeit? Neid, Selbstverachtung? … Moulinet des dames!

Danach findet ein Wechsel in den inneren Monolog statt, in dem Tonio Ingeborgs Doppelgängerin in Gedanken direkt anspricht. Auf unmittelbare und emotionale Weise werden seine Gefühle deutlich, die Erkenntnis, dass es keine Annäherung zwischen ihm und der von ihr repräsentierten Welt geben kann:

> Lachtest du, blonde Inge, lachtest du mich aus, als ich moulinet tanzte und mich so jämmerlich blamierte? Und würdest du auch heute noch lachen, nun, da ich doch so etwas wie ein berühmter Mann geworden bin? Ja, das würdest du und würdest dreimal recht daran tun! […]

Der folgende kurze Erzählerbericht stellt die Verbindung zum äußeren Geschehen wieder her und dient gleichzeitig als Brücke zu einer weitere Erinnerung Tonios:

> Er sah sie an und eine Verszeile fiel ihm ein, deren er sich lange nicht erinnert hatte, und die ihm doch so vertraut und verwandt war" (69 f.).

Subjektivierung durch personale Erzählweise

Beide Erzählperspektiven, die auktoriale durch Erzählerkommentare wie die personale durch die erlebte Rede und den inneren Monolog, ermöglichen es dem Leser, die Hauptfigur kennen zu lernen. Die personale Erzählweise macht aber in ihrer Subjektivität und Unmittelbarkeit die psychologische Entwicklung und den Bewusstwerdungsprozess Tonios noch augenfälliger. So ist es nicht verwunderlich, dass gegen Ende der Erzählung die Erkenntnis und Einschätzung seiner selbst nicht mehr – wie am Anfang – vom distanzierten, allwissenden, sondern vom personalen, sich nun selbst ironisierenden Erzähler formuliert wird.

Sprache und Stil

➞ Tonios ambivalentes Lebensgefühl spiegelt sich in seiner Sprache: Gebrauch des Oxymoron, emotionale Sprache, emphatische Ausdrucksweise. ➞ Ironie des Erzählers (bzw. Selbstironie Tonios) zur Darstellung von Widersprüchen, Kritik an Figuren und Lebensweisen.	Sprache und Stil

Sprache als Ausdruck der Ambivalenz der Hauptfigur

In der Figurenrede Tonio Krögers spiegelt sich immer wieder die ganze Ambivalenz seiner Existenz und die Unsicherheit über seine Identität. Dies geschieht zum einen durch den häufigen Gebrauch des Oxymorons (Verbindung zweier sich widersprechender Begriffe), wodurch seine zwiespältige Einstellung zum bürgerlichen Leben verdeutlicht wird, das er zugleich verachtet und ersehnt. So spricht Tonio z. B. von den „Wonnen der Gewöhnlichkeit“ oder vom „Leben in seiner verführerischen Banalität“.

Zum anderen ist seine Sprache häufig hoch emotional, mit emphatischen Reihungen und metaphorischen Wendungen, selbst wenn er – wie in dem Gespräch mit Lisaweta – über kunsttheoretische Auffassungen spricht:

> „Der ist noch lange kein Künstler, meine Liebe, dessen letzte und tiefste Schwärmerei das Raffinierte, Excentrische und Satanische ist, der die Sehnsucht nicht kennt nach dem Harmlosen, Einfachen und Lebendigen, nach ein wenig Freundschaft, Hingebung, Vertraulichkeit und menschlichem Glück“ (38).

Emotionslosigkeit von Hans Hansens Sprache

Die Leidenschaftlichkeit Tonios, die sich von Anfang an in seiner Sprache ausdrückt, steht in scharfem Kontrast zur umgangssprachlichen Emotionslosigkeit von Hans Hansens Sprache, der z. B. über Tonios Lieblingslektüre *Don Carlos* bemerkt: „‚Das mit dem König im Kabinett muß famos sein!‘“ (16). Hier wird in einem Satz deutlich, dass eine Verständigung zwischen den beiden Jungen unmöglich ist.

Ironie als Mittel der Distanzierung

Die Erzählweise in *Tonio Kröger* ist auch – wie in den meisten Werken Thomas Manns – durch den Gebrauch von Ironie als Mittel der Distanzierung und indirekten Kritik geprägt. Die Ironie wird als geistvolles Mittel gesehen, die z.T. schmerzlichen Gegensätze und Widersprüchlichkeiten der Welt zu ertragen. So lässt der Erzähler Tonio einige Figuren, vor allem diejenigen, denen seine versteckte Verachtung gilt, ironisch betrachten. Dies wird z.B. deutlich in der Figur des dichtenden Hamburger Kaufmanns, besonders aber in der Figur des Ballettmeisters François Knaak. Dieser wird in seiner ganzen selbstverliebten Dummheit ironisch beleuchtet:

> „Beabsichtigte er aber, sein Publikum gänzlich zu verblüffen, so schnellte er sich plötzlich und ohne zwingenden Grund vom Boden empor, indem er seine Beine mit verwirrender Schnelligkeit in der Luft umeinander wirbelte, gleichsam mit denselben trillerte, worauf er mit einem gedämpften, aber alles in seinen Festen erschütternden Plumps zu dieser Erde zurückkehrte ..." (19 f.).

Selbstironie Tonios

Die Darstellung wirkt fast wie eine Karikatur und gibt den Ballettmeister der Lächerlichkeit preis. Die entlarvende Ironie kann auch – wie im Falle Tonios – in Selbstironie übergehen, wenn er sich am Ende mit seiner ambivalenten Identität versöhnt: Er sei „ein Bürger, der sich in die Kunst verirrte, ein Bohemien mit Heimweh nach der guten Kinderstube, ein Künstler mit schlechtem Gewissen" (72) – und er möchte in Zukunft seine kalte, sich in Ironie äußernde Verachtung in die gefühlvollere, liebevollere Variante, den Humor verwandeln und dadurch zum besseren Dichter werden.

Rezeptionsgeschichte

Selbstdeutungen

Hoher Stellenwert der Novelle

Bis heute nimmt die Novelle *Tonio Kröger* in der Rezeptionsgeschichte von Thomas Manns Gesamtwerk einen hohen Stellenwert ein. Der Autor selbst hat sich – wie über die meisten seiner Werke – auch über *Tonio Krö-*

ger oft und ausführlich geäußert. So bezeichnete er das Werk schon mal als sein literarisches Lieblingskind oder schrieb z. B. in „Lebensabriß" (1930) von der Geschichte, „die noch heute vielleicht von allem, was ich schrieb, meinem Herzen am nächsten steht" (Thomas Mann: *Über mich selbst. Autobiographische Schriften*, 116). Thomas Manns hohe Meinung von dieser Novelle ging nicht zufällig mit ihrer begeisterten, teilweise enthusiastischen Aufnahme bei Lesern und Kritikern einher, denn sein Leben lang hat er immer die Rezeption seiner Werke im Blick gehabt. Obwohl er sich durchaus auch künstlerischer Schwächen der Novelle bewusst war – so sprach er von der „Deutlichkeit und Direktheit" ihrer Liebeserklärung an das Leben, die „bis zum Unkünstlerischen geht" (Helmut Koopmann (Hrsg.): *Thomas-Mann-Handbuch*, 567) – hat er *Tonio Kröger* immer als „was Unsterbliches" (ebd.) gesehen. In einiger Überschätzung ihrer Bedeutung schrieb er der Novelle sogar, aufgrund eines angeblich ersten Einbezugs des Musikalischen sowie der Lehren Nietzsches, eine epochemachende, durchbruchartige Rolle in seinem Gesamtwerk zu (vgl. ebd.).

Thomas Manns literarisches Lieblingskind

Letztlich lässt sich Thomas Manns Hochschätzung für *Tonio Kröger* wohl auch aus sehr intim-persönlichen Gründen erklären: In dieser Erzählung bewahrte er, wie er es selber einem Schulkameraden gegenüber ausdrückte, die Erinnerung an seine erste Liebe, den Schulfreund Armin Martens, „wie einen Schatz" auf (Hans Rudolf Vaget: *Thomas Mann – Kommentar zu sämtlichen Erzählungen*, 113). Dazu kam noch die homoerotisch aufgeladene Freundschaft zu Paul Ehrenberg, der, wie Thomas Mann formulierte, „zentrale[n] Herzenserfahrung meiner 25 Jahre" (ebd.), die dazu beitrug, in *Tonio Kröger* aus einem Erlebnis, einer persönlichen Erfahrung ein bleibendes literarisches Werk erwachsen zu lassen.

Persönliche Gründe

Rezeption

Die ersten Reaktionen der zeitgenössischen Kritik auf die Novelle waren, wie schon erwähnt, überwiegend freundlich, oft begeistert; sie sei „reif, tief, wertvoll, vollendet" (Vaget, 116). Allgemein wurde der Bekenntnischarakter des Textes hervorgehoben („Selbstbekennt-

Freundliche Aufnahme durch zeitgenössische Kritik

nis", „Selbstanalyse", „Selbstporträt", „persönliches Glaubensbekenntnis", „Lebensbeichte" lauteten die Bezeichnungen; vgl. Vaget, 116f.) und über diese Betonung des Inhaltlichen, der angenommenen Authentizität des Geschriebenen, das die Wesenszüge des Autors trage, wurden die handwerklichen Qualitäten der Erzählung bzw. eventuelle formale Schwächen vernachlässigt.

Bürger-Künstler-Problematik, Geist-Leben

Seither ist die Rezeptionsgeschichte zu *Tonio Kröger* unüberschaubar geworden. Dominierend in den Interpretationen ist die Bürger-Künstler-Problematik und die Polarität Geist-Leben. Immer wieder wird auf den Einfluss der Philosophen Schopenhauer und Nietzsche sowie Thomas Manns Versuch, aus den gegensätzlichen Theorien eine eigene, verbürgerlichte Synthese der Künstlerfigur herzustellen, hingewiesen. Desgleichen wird die Bedeutung der Intertextualität, d. h. der literarischen Bezüge (z. B. zu Storm, Shakespeare, zur russischen Literatur) herausgearbeitet. Und die zentrale Rolle des Biografischen ist und bleibt ein Schlüssel zum Verständnis der Novelle.

Polarität als Ausdruck von Thomas Manns autobiografischem Konflikt

Sieht man die Novelle z. B. als eine Übertragung von Thomas Manns grundlegendem autobiografischen Konflikt, der verdrängten Homosexualität, ins Allgemeine, bleibt die Polarität „Geist" und „Leben" kein abstrakter Gegensatz, sondern bezeichnet konkret „das erosfreie und asketische, aber von Sterilität bedrohte reine Künstlertum" gegenüber „nicht Liebe überhaupt, sondern konkret Homoerotik" (Hermann Kurzke: *Tonio Kröger*, 50). „Daß diese Liebe stets eine Liebe von außen bleibt, eine Schwärmerei von des Festes Rand, liegt daran, daß ein *coming out* und ein konkreter Vollzug für Thomas Mann nicht in Frage kamen" (ebd.).

Thomas Manns Hinwendung zur Rolle als Ehemann und Vater

Thomas Mann zog in diesem Sinne die Kunst dem Leben vor, wobei er als Anregung aber die Sehnsucht und die Gefühle brauchte, deren Realisierung für ihn aufgrund seiner Furcht vor gesellschaftlicher Ächtung und Vernichtung seiner großbürgerlichen Existenz aber nicht in Betracht kam (vgl. ebd.). Wie in *Tonio Kröger* am Ende Tonio im Brief an Lisaweta indirekt Goethes Diktum über den homosexuellen Dichter August von Platen, diesem fehle die Liebe, aufgreift und dem kalten Künstlertum aus nicht gelebter Homosexualität die Wärme und Bürgerlichkeit gegenüberstellt, so kann auch der Autor Thomas Mann selbst an einer entscheidenden Schwelle gesehen werden, nämlich zum endgültigen Eintritt in die gesellschaftlich akzeptierte Rolle als Ehemann und Vater: „Die Absage an Paul Ehrenberg zugunsten von Katia Pringsheim wird biographisch der Kröger'schen Absage an Platen folgen" (Kurzke, 52).

Literaturverzeichnis

Textausgaben

Mann, Thomas: *Tonio Kröger/Mario und der Zauberer*. 44. Aufl. Frankfurt am Main: Fischer Taschenbuch Verlag 2008. (Erstausgaben 1903 bzw. 1930.)

Mann, Thomas: *Über mich selbst. Autobiographische Schriften*. Frankfurt am Main: Fischer Taschenbuch Verlag 1994.

Sekundärliteratur (Auswahl)

Bellmann, Werner: *Thomas Mann: Tonio Kröger*. Erläuterungen und Dokumente. Stuttgart: Reclam 1998.

Eisenbeis, Manfred: *Thomas Mann: Tonio Kröger/Mario und der Zauberer*. Freising: Stark 2005.

Freud, Sigmund: *Massenpsychologie und Ich-Analyse*. Frankfurt am Main und Hamburg: Fischer Bücherei 1971.

Große, Wilhelm: *Thomas Mann: Tonio Kröger/Mario und der Zauberer*. 4. Aufl. Hollfeld: Bange Verlag 2006.

Henninger, Peter: *Thomas Manns Novelle Mario und der Zauberer. Ein spätes Leseerlebnis*. In: Daigger, Annette u. a. (Hrsg.): *West-östlicher Divan zum utopischen Kakanien. Hommage à Marie-Louise Roth*. Bern u. a.: Peter Lang 1999. S. 127–147.

Kämper-van den Boogaart, Michael: *Thomas Mann für die Schule*. Berlin: Cornelsen Verlag Scriptor 2001.

Karthaus, Ulrich: *Thomas Mann*. Literaturwissen für Schule und Studium. Stuttgart: Reclam 1994.

König, Helmut: „Tanz der Hampelmänner.“ In: Deutsches Allgemeines Sonntagsblatt, Hamburg, 17.9.1993.

Koopmann, Helmut: „Mario und der Zauberer.“ In: Hansen, Volkmar (Hrsg.): *Thomas Mann. Romane und Erzählungen*. Interpretationen. Stuttgart: Reclam 1993. S. 151–185.

Koopmann, Helmut (Hrsg.): *Thomas-Mann-Handbuch*. 3., aktualisierte Aufl. Stuttgart: Kröner 2001.

Kurzke, Hermann: *Thomas Mann. Das Leben als Kunstwerk*. 2. Aufl. Frankfurt am Main: Fischer Taschenbuch Verlag 2002.

Kurzke, Hermann: „Tonio Kröger.“ In: *Erzählungen des 20. Jahrhunderts. Band 1*. Interpretationen. Stuttgart: Reclam 1996. S. 38–54.

Leiß, Ingo und Hermann Stadler: *Wege in die Moderne 1890–1918*. Deutsche Literaturgeschichte. Band 8. München: dtv 1997.

Leiß, Ingo und Hermann Stadler: *Weimarer Republik 1918–1933*. Deutsche Literaturgeschichte. Band 9. 2. Aufl. München: dtv 2007.

Mayer, Hans: *Thomas Mann*. Frankfurt am Main: Suhrkamp Verlag 1980.

Mommert, Michael: *Thomas Mann: Mario und der Zauberer*. Lektüreschlüssel für Schüler. Stuttgart: Reclam 2004.

Müller-Salget, Klaus: „Der Tod in Torre di Venere. Spiegelung und Deutung des italienischen Faschismus in Thomas Manns *Mario und der Zauberer*.“ In: Müller-Salget, Klaus: *Literatur ist Widerstand. Aufsätze aus drei Jahrzehnten*. Innsbruck 2005. S. 89–104.

Pfützner, Peter: *Thomas Mann: Mario und der Zauberer*. 3. Aufl. Hollfeld: Beyer Verlag 2004.

Pörnbacher, Karl: *Thomas Mann: Mario und der Zauberer.* Erläuterungen und Dokumente. Stuttgart: Reclam 1996.

Reich-Ranicki, Marcel: *Thomas Mann und die Seinen.* Frankfurt am Main: Fischer Taschenbuch Verlag 2007.

Sakurai, Yasushi: „Tonio Kröger." In: Hansen, Volkmar (Hrsg.): *Thomas Mann. Romane und Erzählungen.* Interpretationen. Stuttgart: Reclam 1993. S. 68–88.

Stockreiter, Karl: „Die verführerische Marionette. Mythos und Masse in Thomas Manns Erzählung *Mario und der Zauberer.*" In: Korotin, Ilse (Hrsg.): *Die besten Geister der Nation. Philosophie und Nationalsozialismus.* Wien: Picus Verlag 1994. S. 328–349.

Vaget, Hans Rudolf: *Thomas Mann – Kommentar zu sämtlichen Erzählungen.* München: Winkler 1984.

Wysling, Hans und Yvonne Schmidlin (Hrsg.): *Thomas Mann. Ein Leben in Bildern.* Frankfurt am Main: Fischer Taschenbuch Verlag 1997.

Zeller, Regine: *Cipolla und die Masse. Zu Thomas Manns Novelle Mario und der Zauberer.* St. Ingbert: Röhring Universitätsverlag 2006.

1 Ungleiche Freunde

Textgrundlage

Thomas Mann: *Tonio Kröger/Mario und der Zauberer*. Frankfurt am Main: Fischer Taschenbuch Verlag, 44. Aufl. 2008. 1. Kapitel, S. 13 („‚Ich habe jetzt etwas Wundervolles gelesen …'") bis S. 15 („Der König hat geweint …").

Aufgabenstellung

1. Ordnen Sie die vorliegende Szene aus *Tonio Kröger* kurz in den Zusammenhang der Erzählung ein.
2. Analysieren Sie die Textstelle. Charakterisieren Sie die beteiligten Figuren und beschreiben Sie ihre Beziehung.
3. Erläutern Sie die Erzählweise und ihre Wirkung.

Lösung

Zu 1.

Die Szene ist ein Ausschnitt aus dem einleitenden Kapitel der Erzählung *Tonio Kröger*. Der vierzehnjährige Tonio Kröger wartet nach Schulschluss auf seinen Freund Hans Hansen, der die Verabredung vergessen zu haben scheint, sich dann aber von den übrigen Schulkameraden löst, um mit Tonio gemeinsam spazieren zu gehen. Tonio, sowohl optisch als auch charakterlich das Gegenteil von Hans, liebt seinen Freund und wünscht sich manchmal, ihm ähnlich zu sein. Andererseits möchte er auch, dass Hans ihn so liebt, wie er ist, und versucht immer wieder, eine tiefer gehende Gemeinschaft zu ihm herzustellen.

Zu 2.

- Gliederung der Textstelle: Den ersten Teil nimmt ein Gespräch zwischen Tonio und Hans ein, dann kommt ein weiterer Schulkamerad, Erwin Jimmerthal, hinzu.
- Tonio: Er zeigt seine Begeisterung für die Literatur, speziell *Don Carlos* von Schiller, und möchte den widerwilligen Hans dafür einnehmen. Dessen Interessen für Pferdebücher kann er seinerseits nicht teilen. In Tonios starker Identifikation mit dem König Philipp aus Schillers Drama wird deutlich, dass er dessen Problematik (er ist einsam, sucht einen Menschen, fühlt sich von Marquis Posa verraten) als seine eigene betrachtet. Hans' freudiges Akzeptieren der Unterbrechung des Gesprächs durch Erwin, seine Kritik an Tonios Namen, seine Konzentration auf Jimmerthal schmerzen Tonio und er fühlt sich in seiner Außenseiterstellung bestätigt.

- Hans: Er hat nichts übrig für Literatur und Gespräche darüber mit Tonio, liebt stattdessen Pferdebücher und vor allem die Bilder darin. Er hat nur einen vagen Eindruck von Tonios Ergriffenheit und lässt sich nur zu gern von Erwin Jimmerthal, einem Gleichgesinnten, ablenken. Mit diesem findet er eine Gesprächsebene. Gleichzeitig distanziert er sich von Tonio, nennt diesen nur noch beim Nachnamen und gibt zu, dass er den fremdartigen Vornamen nicht leiden kann. Tonios inneren Rückzug bemerkt er nicht.
- Erwin: Er ähnelt Hans in seinen Interessen und seinem Unverständnis Tonio gegenüber.
- Beziehungskonstellation: Der sensible und literarisch interessierte Tonio ist in verschiedener Hinsicht ein Außenseiter. Seine Interessen entsprechen nicht denen seiner Schulkameraden, er ist unsportlich, sein Name wirkt ungewöhnlich und fremd. Auch seine innere Befindlichkeit hebt ihn von den anderen beiden ab. Er durchschaut seine Situation, vermag seine Beziehung zu Hans zu analysieren und empfindet Mitleid mit sich selbst aufgrund seiner emotionalen Überlegenheit. Hans ist unfähig, sich auf Tonio einzulassen, er schämt sich sogar seiner Freundschaft mit diesem, sobald ein Dritter (Erwin) zugegen ist. Nur ab und zu geht er aus Höflichkeit einen Schritt auf Tonio zu, was er auch durch seine Körpersprache ausdrückt (er fasst ihn unter), aber die Beziehung hat für ihn nicht den Stellenwert wie für Tonio. In seiner Konventionalität und Lebensfreude harmoniert er viel eher mit Erwin Jimmerthal. Auch dies drückt er wieder durch körperliche Zuwendung (Unterfassen) aus und verstärkt damit gleichzeitig die Distanz zu Tonio.

Zu 3.

- Der größte Teil der Textstelle wird durch szenische Darstellung bestimmt, die direkte Rede (Dialog) dominiert. Dadurch werden die Figuren unmittelbar durch ihre Äußerungen über sich selbst (z. B. Tonio über seinen Namen) oder über andere (z. B. Hans über Tonio) charakterisiert. Der auktoriale Erzähler tritt nur durch kurze Einschübe oder Erklärungen (z. B. zur Person Erwins) in Erscheinung.
- An einigen Stellen findet ein Wechsel der Perspektive von der auktorialen zur personalen Perspektive statt, und zwar zur Perspektive Tonios. Durch den Einsatz von innerem Monolog („Warum muß er kommen und uns stören!“, 14) oder erlebter Rede („Ja, es war in allen Stücken etwas Besonderes mit ihm, ob er wollte oder nicht …“, 15) wird dem Leser ein unmittelbarer Eindruck von Tonios Gedanken- und Gefühlswelt gegeben. Seine Empfindsamkeit und Reflexionsfähigkeit werden dadurch besonders betont.

Prüfungsaufgaben und Lösungen

Zu *Tonio Kröger*

1. Ungleiche Freunde (Textanalyse)
2. Das Kunstgespräch (Textanalyse)
3. Déjà vu: die zweite Ballszene (Textanalyse)

Zu *Mario und der Zauberer*

4. Strandleben (Textanalyse)
5. Kunststücke (Textanalyse)
6. Unter Hypnose (Textanalyse mit weiterführendem Schreibauftrag)
7. Der Erzähler (Erörterung)
8. Bruder Cipolla? (Analyse eines Sachtextes / Erörterung)

2 Das Kunstgespräch

Textgrundlage

Thomas Mann: *Tonio Kröger/Mario und der Zauberer*. Frankfurt am Main: Fischer Taschenbuch Verlag, 44. Aufl. 2008. 4. Kapitel, S. 39 („‚Zuweilen gerate ich auf irgend ein Podium …'") bis S. 41/Ende des Kapitels („‚I c h b i n e r l e d i g t.'").

Aufgabenstellung

1. Fassen Sie das Thema und den bisherigen Verlauf des Gesprächs zwischen Tonio Kröger und Lisaweta Iwanowna zusammen.
2. Analysieren Sie den Textauszug im Hinblick auf Tonios Sicht seiner selbst und des Künstlertums allgemein.
3. Ausgehend von ihrem Verhalten in diesem Textauszug, erläutern Sie die Rolle Lisawetas im Zusammenhang von Tonios Entwicklung.

Lösung

Zu 1.

In München, wo der knapp dreißigjährige Tonio Kröger inzwischen lebt, besucht er seine Freundin, die Malerin Lisaweta Iwanowna, in deren Atelier. Das Gespräch, hauptsächlich ein Monolog Tonios, entwickelt sich nach und nach zu einer Reflexion seines künstlerischen Schaffensprozesses und seiner Auffassung von Künstlertum. Tonio meint, dass ein Künstler sich vom wirklichen Leben, von menschlichen Gefühlen distanzieren müsse, leidet aber gleichzeitig an dieser Lebensferne und empfindet sein Künstlertum zuweilen als Fluch. Im Gegensatz zu Lisaweta, die im Künstler aufgrund seiner Einsicht und Sprachmacht eine Art Heiligen sieht, empfindet Tonio als Künstler nur noch „Erkenntnisekel" (36) (im Sinne von Shakespeares Hamlet-Figur), Starre, Lähmung und die bei ihm immer wieder zu beobachtende Sehnsucht nach den „Wonnen der Gewöhnlichkeit", die Affinität zum Bürgerlichen.

Zu 2.

Eine Reihe der für die Erzählung typischen Kontraste und Antagonismen zeigen sich auch in Tonios Ausführungen, die drei Viertel dieses Textauszuges ausmachen:

- Tonio leidet darunter, mit seiner Dichtkunst nicht die in sich ruhenden, genießenden Bürgerlichen zu erreichen, sondern nur die Leute, „die immer hinfallen" (39). Kunst ist nötig nur für die Lebensuntüchtigen. Dieser Kontrast von Kunst und Leben ist die Basis von Tonios Kunstauffassung.

- Durch die Darstellung eines persönlichen Erlebnisses verdeutlicht Tonio das Ungenügende des Versuchs einer Synthese von Kunst und Leben, des Dilettantismus. Während einer durch strikt konventionelles Verhalten gekennzeichneten Gesellschaft wagt ein Dilettant, ein Offizier, eine Grenzüberschreitung, indem er in diesem bürgerlichen Szenario ein eigenes Gedicht vorstellt. An diesem Tabubruch, dieser „Verstörung" (40) fühlt sich Tonio mitschuldig, denn Kunst kann für ihn nur aus unbürgerlichem Grund erwachsen. Für Kunst müsse man mit dem Leben bezahlen (vgl. 40) – das ist immer wieder Tonios Credo.
- In dem Zusammenhang ist es plausibel, dass er sich wieder an den kriminellen Bankier erinnert, der sich literarisch geäußert hat und in seiner Verbindung von Verbrecher- und Künstlertum für Tonio den größtmöglichen Kontrast zum Bürgerlichen darstellt.
- Insgesamt zeigt Tonio Kröger in diesem Textausschnitt noch Aspekte des Kunstverständnisses der Dekadenz, zum Beispiel die Sicht des Künstlers als Ausnahmeexistenz jenseits des Menschlichen, daher auch die Nähe zum Verbrecher.

Zu 3.

- Zu Tonios monologischem Redefluss bieten Lisawetas kurze Beiträge und vor allem ihr Schlusswort einen effektvollen Kontrast. Ihre knappen Kommentare ironisieren das Pathos von Tonios Reflexionen.
- Vor allem ihr Urteil, die Zuordnung Tonios zu den Bürgern (sie bezeichnet ihn als „Bürger auf Irrwegen", „verirrte[n] Bürger", 41), bringt diesen auf die Suche nach seiner bürgerlichen Identität. Im Anschluss an dieses Gespräch verreist Tonio, er sucht die Stätte seiner Kindheit auf, sucht alte und neue Erfahrungen, begegnet erneut Hans und Inge in Gestalt des dänischen Paares.
- Am Ende der Erzählung offenbart Tonio wiederum seiner Vertrauensperson Lisaweta, dieses Mal in einem Brief, seinen Wandel vom „Literaten" zum „Dichter" aufgrund der nun akzeptierten „Bürgerliebe zum Menschlichen, Lebendigen und Gewöhnlichen" (73). Dadurch revidiert er seine ambivalente, auch grafisch hervorgehobene Äußerung am Ende des Dialogs im vierten Kapitel, „‚I c h b i n e r l e d i g t.'" (41), welche seine Befürchtung kennzeichnen könnte, dass als Bürger für ihn die Kunst nicht mehr möglich ist. Dieser Satz auf Lisawetas Urteil könnte aber auch schon zu dem Zeitpunkt den Beginn einer Einsicht in seine bürgerliche Art der Kunstproduktion bedeuten, die zum Beispiel durch seine Disziplin gekennzeichnet ist.

3 Déjà vu: die zweite Ballszene

Textgrundlage

Thomas Mann: *Tonio Kröger/Mario und der Zauberer*. Frankfurt am Main: Fischer Taschenbuch Verlag, 44. Aufl. 2008. 8. Kapitel, S. 68 („Nun schwieg die Musik ...") bis S. 71 („Und Kunst! ...").

Aufgabenstellung

1. Fassen Sie den vorliegenden Textauszug aus dem achten Kapitel von *Tonio Kröger* unter Berücksichtigung des Gesamtzusammenhangs der Erzählung zusammen.
2. Analysieren Sie Tonios Befindlichkeit und seine Beziehung zu den Gästen des Festes. Beziehen Sie dabei die gesamte Handlung der Erzählung ein.

Lösung

Zu 1.

Das achte Kapitel der Erzählung beschreibt Tonios Aufenthalt in einem dänischen Seebad, der Endstation seiner Reise vom Süden in den Norden, die ihn auch in seine Heimatstadt und sein Elternhaus führte. Initiiert wurde die Reise durch sein Gespräch mit Lisaweta Iwanowna, das ihm den Konflikt zwischen Künstlertum und Bürgertum überwinden helfen sollte.

Geschildert wird ein Tanzfest, bei dem Tonio als Zuschauer agiert. Er beobachtet ein junges, blondes dänisches Paar, dem er die Namen Hans und Ingeborg gibt, die Namen seiner unerfüllt gebliebenen Jugendlieben. Wie damals gelingt auch jetzt nicht der Kontakt zu dem blonden Paar, nur ein stilles, blasses Mädchen, das an Magdalena Vermehren aus der Jugendzeit erinnert, zeigt Interesse an Tonio. Als die Quadrille getanzt wird – auch dies eine schmerzliche Reminiszenz an die Ballszene aus Tonios Jugend –, erinnert sich Tonio an seine Liebe zu Ingeborg Holm. Wie damals kommt ihm Theodor Storms Gedicht *Hyazinthen* in den Sinn; er sehnt sich nach der Synthese von Schlaf und Tanz, dem verpflichtungslosen Leben der Gefühle einerseits und der Kunstausübung andererseits. Im weiteren Verlauf des Tanzes stürzt das blasse Mädchen. Tonio hilft ihr auf und verlässt den Tanzsaal mit der Erinnerung an früher, an das Gefühl des Ausgeschlossenseins und der Unerfüllbarkeit seiner Wünsche. Gleichwohl lebt sein Herz und er erkennt die Erstarrung, zu der seine bisherige Auffassung von Kunst geführt hat.

Zu 2.

- Tonio erlaubt sich nach langer Zeit einen Zugang zu den Sehnsüchten seiner Jugend, hier vor allem verkörpert in dem jungen blonden Paar. Er lässt sich von der wohlbekannten Faszination überwältigen, die die Lebhaftigkeit, Selbstgewissheit, Leichtigkeit der „Blonden und Blauäugigen" auf ihn ausüben, wohl wissend, dass sie an einer Gemeinschaft mit ihm nicht interessiert sind („Denn ihre Sprache war nicht seine Sprache", 69). Tonio akzeptiert seine Liebe und sein Verlangen, sieht aber noch immer die Distanz („Dergleichen geschah nicht", 71).
- Das blasse Mädchen gehört zum Bereich der Sensiblen, Lebensuntüchtigen, die „immer hinfallen", das heißt, nicht unbeschwert leben, sich dadurch aber der Kunst widmen können. Tonio hilft der jungen Frau nach ihrem Sturz und verdeutlicht dadurch, dass er ihre Seelenverwandtschaft sieht und akzeptiert – die zweite Seite seiner Existenz.
- Die Aufzählung am Ende des Ausschnitts, „Erstarrung; Öde; Eis; und Geist! Und Kunst! ..." (71), zeigt, vor allem in der Metapher „Eis", Tonios Wertung seines bisherigen Schaffens. Es wird deutlich, dass er sich hier auf den Weg zu einer neuen Phase seines Künstlertums begibt. Die Phase des ästhetizistischen, distanzierten, kalten und ironischen Zugangs zur künstlerischen Produktion verändert sich zugunsten einer menschlichen, humorvollen Weise. Ausgelöst durch die Akzeptanz seine Sehnsüchte, symbolisiert in den beiden Polen „Schlafen" und „Tanzen", will er sich vom „Literaten" zum „Dichter" wandeln, wie er Lisaweta in seinem Brief am Ende verspricht.
- Hingewiesen werden kann hier auch auf formal-strukturelle Aspekte des gesamten Werkes, die in diesem Auszug deutlich werden: die Spiegelung der Szenen (achtes und zweites Kapitel), die Wiederaufnahme von Leitmotiven (Figuren wie die Blonden oder das blasse Mädchen), Situationen (z.B. Tanzszenen, Zitate wie das Storm-Gedicht), Antithesen und Kontraste. Auch die spezifische Erzählweise, das Hinübergleiten aus der auktorialen in die personale Perspektive, hier besonders in die erlebte Rede, als Verdeutlichung einer starken Subjektivierung und unmittelbaren Zugänglichkeit von Tonios Gedanken- und Gefühlswelt kann anhand dieses Textauszuges erläutert werden.

4 Strandleben

Textgrundlage

Thomas Mann: *Tonio Kröger/Mario und der Zauberer*. Frankfurt am Main: Fischer Taschenbuch Verlag, 44. Aufl. 2008. S. 81 („Zu früh, zu früh …") bis S. 82 unten („… aber wohl notwendig").

Aufgabenstellung

1. Ordnen Sie den vorliegenden Auszug aus *Mario und der Zauberer* kurz in den Zusammenhang der Erzählung ein.
2. Analysieren Sie den Textauszug und erläutern Sie seine Bedeutung für den Gesamttext.
3. Untersuchen Sie Aspekte der Erzählweise und ihre Wirkung.

Lösung

Zu 1.

Der Ich-Erzähler verbringt mit seiner Familie die Ferien in Torre di Venere, einem kleinen italienischen Badeort. Von Anfang an wird dieser Aufenthalt als unangenehm und belastend empfunden. Der Ort ist überfüllt und die Hitze ist nahezu unerträglich. Die ausländischen Gäste sind in der Minderheit. Dazu kommt, dass der Erzähler das Gefühl hat, mit seiner Familie als Gäste zweiten Ranges behandelt zu werden. Er erläutert diesen Eindruck anhand zweier unerfreulicher Episoden aus dem Grand Hotel, die eindeutig die Bevorzugung der italienischen Gäste durch die Hotelleitung demonstrieren. Diese beschämende Behandlung führt dazu, dass der Erzähler mit seiner Familie vom Grand Hotel in die Privatpension Eleonora umzieht. Obwohl sie es dort sehr gut antreffen, mag auch weiterhin am Strand kein rechtes Wohlgefühl aufkommen.

Zu 2.

In diesem Textauszug schildert der Erzähler seine Eindrücke vom Strandleben und beispielhaft ein Vorkommnis mit dem etwa zwölfjährigen italienischen Jungen Fuggièro, um dieses dann auf seine Symbolkraft für eine allgemein spürbare Atmosphäre zu beleuchten.

- Zu Beginn des Auszugs: Schilderung der Atmosphäre am Strand; der Erzähler fühlt sich vor allem durch die Gewöhnlichkeit des einheimischen Publikums, die Lautstärke (Stimmen der Frauen) belästigt.
- Fuggièro-Episode: Von Anfang an ist der Junge dem Erzähler unsympathisch, er empfindet sein Äußeres (Sonnenbrandwunde) und sein Wesen

(„Widerspenstigkeit, Unart und Bosheit“, 81) als abstoßend. Als der Junge sich eine unbedeutende Verletzung zuzieht, führt sein Verhalten (zum Missfallen des Erzählers) dazu, dass das kleine Ereignis nach und nach zu einer Katastrophe stilisiert wird. Die Beschwichtigungen des Arztes werden ignoriert, der Junge wird mit großem Theater vom Strand getragen und setzt seine Boshaftigkeiten am nächsten Tag fort. Diese Episode – die Egozentrik und das Geltungsbedürfnis Fuggièros, die theaterhafte Inszenierung, das Ausklammern der Ratio (Urteil des Arztes), das willige Publikum am Strand – kann im Kleinen als symbolträchtige Vorausdeutung auf das Auftreten Cipollas gesehen werden, der seinen Narzissmus und seine Grausamkeit, den Einbruch der Irrationalität und die Gefolgschaft der Zuschauer später im großen Stil inszeniert.

- Deutung der Situation durch den Erzähler: Dieser sieht Fuggièro als Repräsentanten einer Grundstimmung, die durch übertriebenes Nationalgefühl bestimmt ist, was sich zum Beispiel in widernatürlichem Verhalten der einheimischen Kinder äußert. Die Kinder des Erzählers werden so immer wieder zurückgewiesen und von Spielen ausgeschlossen, so dass die Eltern versuchen, ihnen dies mit einer Art „Krankheit“ (82) zu begründen, die die Einheimischen durchmachen müssten. Hier wird die politische Dimension der Erzählung deutlich: Alle Lebensbereiche, selbst das eigentlich politikferne Spiel der Kinder, sind von den nationalen, fremdenfeindlichen Strömungen ‚infiziert‘.

Zu 3.
In diesem Textauszug können beispielhaft verschiedene Aspekte der Erzählweise aufgezeigt werden:

- Subjektivität der Perspektive, in der erzählendes und erlebendes Ich nicht mehr zu trennen sind. Die Emotionalität der Erlebnisperspektive wird deutlich, z. B. in der Wortwahl der Beschreibung Fuggièros und seines Verhaltens. Die sachliche Analyse wird immer wieder durch die Darstellung der emotionalen Erfahrungen seiner Familie (in diesem Fall der Kinder) überdeckt.
- Durch die Leseranreden hebt der Erzähler einerseits die Distanz des Lesers zum Erzählten auf, erleichtert ihm das Verständnis, die Bereitschaft zur Identifikation und zeigt andererseits, dass er (der Erzähler) die Ereignisse noch nicht verarbeitet hat, noch mitten im Reflexionsprozess steckt, den er zu einem Dialog mit dem Leser ausweitet.
- Die Bezüge zu Atmosphäre und „Stimmung“ (82), die „in der Luft“ liegt (ebd.), gehören zu den wichtigen Leitmotiven der Erzählung.

5 Kunststücke

Textgrundlage

Thomas Mann: *Tonio Kröger/Mario und der Zauberer*. Frankfurt am Main: Fischer Taschenbuch Verlag, 44. Aufl. 2008. S. 107 unten („Er tappte seherisch umher …") bis S. 109 unten („… rationalistisch zu verdächtigen …").

Aufgabenstellung

1. Erläutern Sie die Position dieser Textstelle im Zusammenhang der Erzählung.
2. Analysieren Sie Cipollas Verhalten und die Reaktionen des Publikums.
3. Untersuchen Sie die Einstellung des Erzählers an dieser Stelle der Geschichte.

Lösung

Zu 1.

In diesem Textauszug werden die letzten Kunststücke Cipollas vor der Pause geschildert. Nach dem verzögerten Beginn seiner Vorstellung hat der Zauberer sein Publikum durch gelungene mathematische Experimente und Kartentricks zu überzeugen gewusst, dabei setzte er sich mehrmals – ebenso überzeugend – über Widerstände hinweg, die ihm vom Giovanotto und einem jungen Herrn aus Rom entgegengebracht wurden. Cipolla wird vom Publikum nicht gemocht, seine Kunststücke und vor allem seine rhetorischen Fähigkeiten, die er nahezu ununterbrochen zur Schau stellt, werden aber anerkannt und bewundert. Er ist jetzt zu (vom Erzähler so genannten) „Gesellschaftsspielen" (106) übergegangen – er muss vom Publikum versteckte Gegenstände auffinden oder vorher heimlich abgesprochene Handlungen ausführen. Dabei spricht Cipolla von einem Rollentausch, stilisiert sich zum Empfänger des Publikumswillens, zum Gehorchenden, und vergleicht diese Beziehung mit der wechselseitigen Verbindung zwischen Volk und Führer.

Zu 2.

Cipolla muss eine Nadel aus dem Schuh einer Engländerin ziehen und sie Signora Angiolieri mit einem bestimmten französischen Satz überreichen. Später stellt er in einer seiner „Wahrsagungen" (108) richtig dar, dass die Signora früher Gesellschafterin der Schauspielerin Eleonora Duse war.

- Cipolla, dessen Persönlichkeit seinem Namen gemäß viele Facetten aufweist, verhält sich in dieser Situation seiner zuvor beschriebenen Rolle konform. Er spielt den vom fremden Willen Gesteuerten, der in Demut

seine außerordentlich schweren Aufgaben zu erfüllen hat. Er verstärkt diesen Eindruck, indem er vor Signora Angiolieri auf die Knie fällt und nach den richtigen Worten ringt, die Hilfe des Publikums (die er vielleicht insgeheim benötigt) großmütig ablehnend. Der ganze Auftritt ist bis in die kleinste Geste (auch Unsicherheit) inszeniert und verfehlt seine Wirkung nicht, weil er zu unvollkommen ist, um gestellt zu wirken. Im weiteren Verlauf erweist der Zauberer sich als perfekt im Spiel mit den Emotionen des Publikums, besonders Frau Angiolieris. Indem er – wiederum nach kleinen Unsicherheiten und auf Umwegen – auf die von ihr verehrte Eleonora Duse kommt, nimmt er nicht nur die vornehme und sensible Signora für sich ein. Er bedient auch wieder den Nationalstolz des Publikums, für das die Duse zu einer Art nationalem Denkmal geworden ist.
- Das Publikum zeigt in dieser Situation nach wie vor seine ambivalente Haltung dem Zauberer gegenüber: Es macht Cipolla die Aufgaben besonders schwer, weil es hin- und hergerissen scheint zwischen seiner Abneigung dem arroganten Mann gegenüber und dem Wunsch, die Kunststücke möchten gelingen. So gibt es Applaus in dem Augenblick, wenn Cipolla erfolgreich, aber nicht perfekt ist. Erst in dem Augenblick, als die Nationalgefühle pathetisch und ohne Ironie ins Spiel kommen, sind die Zuschauer rückhaltlos begeistert: „Der Applaus glich einer nationalen Kundgebung" (109).

Zu 3.
Der Erzähler betrachtet die Situation an dieser Stelle der Erzählung noch mit sachlicher Distanz, er wirkt weniger beteiligt als vielmehr beobachtend. Sein Interesse gilt sowohl Cipollas Vorstellung als auch den Reaktionen des Publikums, als sei er kein Teil desselben. Auch berichtet er nicht alle Details, sondern konzentriert sich auf die Darstellung ausgewählter Situationen. So interessiert ihn besonders der Rapport, den Cipolla zur sensiblen Signora Angiolieri herstellen kann. Es scheint, als mache sich der Erzähler, der natürlich wie alle im Saal um die Vergangenheit der Signora weiß, ein klein wenig über die Diskrepanz zwischen ebenjener ruhmvollen Vergangenheit, der Verehrung für die Duse und ihrer jetzigen, eher profanen Existenz als Pensionswirtin lustig, wenn er von ihr als der „Spenderin unserer Mittagssuppe" (109) spricht.
Auch im Hinblick auf Cipollas magische Fähigkeiten hat er sich seine Zweifel bewahrt, da er sich vorstellt, der Zauberer habe sich natürlich vor seinem Auftritt über die Geschichte bestimmter Einwohner Torres erkundigen können. Wenn der Erzähler äußert: „Aber ich habe gar keinen Grund, Fähigkeiten, die ihm vor unseren Augen zum Verhängnis wurden, rationalistisch zu verdächtigen …" (109), zeigt dieser Satz eine zeitliche wie emotionale Distanz zu den Erlebnissen auf – der Erzähler blickt hier vom Ende, nachdenkend, auf Cipolla zurück.

6 Unter Hypnose

Textgrundlage

Thomas Mann: *Tonio Kröger/Mario und der Zauberer*. Frankfurt am Main: Fischer Taschenbuch Verlag, 44. Aufl. 2008. S. 116 („Namentlich durch diesen Sieg …") bis S. 118 unten („… herrschte unumschränkt.").

Aufgabenstellung

1. Analysieren Sie diesen Textauszug, nachdem Sie ihn kurz in den Handlungszusammenhang eingeordnet haben.
2. Überlegen Sie, welche Deutungen über die reine Handlungsebene hinaus noch möglich sind. Berücksichtigen Sie dabei die folgende Aussage Thomas Manns über seine Novelle aus dem Jahre 1932:

> „Ich will nicht leugnen, daß kleine politische Glanzlichter und Anspielungen aktueller Art darin angebracht sind, aber das Politische ist ein weiter Begriff, der ohne scharfe Grenze ins Problem und Gebiet des Ethischen übergeht, und ich möchte die Bedeutung der kleinen Geschichte, vom Künstlerischen abgesehen, doch lieber im Ethischen als im Politischen sehen."
> (Brief an Bedrich Fucik, zitiert nach: Karl Pörnbacher: *Thomas Mann: Mario und der Zauberer.* Erläuterungen und Dokumente, 41 f.)

Lösung

Zu 1.

Die dargestellte Situation schließt sich an die ‚Entführung' der Signora Angiolieri an – eine besonders eindrucksvolle Demonstration von Cipollas hypnotischen Fähigkeiten. Er hat sein Publikum nun so weit im Griff, dass er es tanzen lassen kann, im wahrsten Sinne des Wortes. Lediglich der junge Herr aus Rom will dem Zauberer noch einmal Widerstand leisten.

Detailliert und mit starker Anteilnahme beschreibt der Erzähler die schrittweise zu beobachtende Überwindung dieses Widerstandes. Es wird deutlich, welcher Hilfsmittel sich Cipolla bedient: der Gewalt in Form seiner unablässig eingesetzten Peitsche und seiner manipulativen Rhetorik. So suggeriert er dem jungen Römer, dieser wolle doch eigentlich, was er angeblich nicht wolle (nämlich tanzen), und macht damit seinen Willen zu dem des Widerständlers, bis dieser endlich aufgibt und anscheinend sogar mit Freude in der Gruppe der bereits ‚Überwältigten' aufgeht. So wird Cipolla endgültig zum Triumphator, zum unumschränkten Herrscher (vgl. 118).

Der Erzähler unterbricht seinen Bericht immer wieder mit Kommentaren, er folgt auch nicht mehr der Chronologie des Abends. So beschreibt er gleich zu Anfang eine Auflösung aller kritischen Widerstände im Publikum; seine Ausdrücke („trunken [...]", „spätnächtliches Drunter und Drüber der Gemüter", 116) lassen auf einen Zustand der Irrationalität schließen. Den Fall des jungen Römers, der letzten bewusst agierenden „Willensfeste" (117), analysiert der Erzähler noch sachlich (hier gelingt wieder die Distanzierung): „Verstand ich den Vorgang recht, so unterlag dieser Herr der Negativität seiner Kampfposition" (118). Doch den Triumph Cipollas beschreibt er dann emotional-bildreich, als befinde er sich wieder mitten im Geschehen: „Mit ihm [dem Fall des jungen Römers] war das Eis gebrochen, Cipollas Triumph auf seiner Höhe; der Stab der Kirke, diese pfeifende Ledergerte mit Klauengriff, herrschte unumschränkt" (118). So ist diese Szene als ein (erster) Höhepunkt der Handlung, der Entwicklung von Cipollas Herrschaft, der Willenlosigkeit des Publikums und der Vereinnahmung des Erzählers zu sehen.

Zu 2.
In Thomas Manns Äußerung wird schon deutlich, dass eine Trennung zwischen politischen und ethischen Gesichtspunkten bei der Deutung schwierig ist. Als mögliche Ansätze können genannt werden:
- Ausgehend von aktuellen politischen Entwicklungen in Italien und Deutschland sowie den Erfahrungen und kritischen Reflexionen des Autors an anderer Stelle kann Cipolla in seinem Verhalten und vor allem durch seine suggestive Rhetorik als literarische Umsetzung einer faschistischen Führerfigur, wie Mussolini oder Hitler, gesehen werden.
- Auf einer allgemein-menschlichen, psychologischen Ebene zeigt die Szene idealtypisch das Verhältnis einer Masse zum Führer, vor allem im Bild des tanzenden Publikums: die Anfälligkeit für Irrationales, das Aussetzen der Vernunft, die Aufgabe von Selbstbestimmung und Verantwortung zu Gunsten der überhöhten Führerpersönlichkeit.
- Im Fall des jungen Römers, dessen Widerstand und Selbstbehauptung letztendlich gebrochen werden, könnte eine Mahnung verdeutlicht sein, sich Verführung und Massensuggestion entgegenzustellen. Dies kann aber nur erfolgreich sein, wenn der Widerstand sich auf ein rationales Gegenmodell gründet.
- Nicht zuletzt ist im Triumph Cipollas auch wieder die Gestalt des erfolgreichen Künstlers porträtiert – ein Thema, das sich durch viele Werke Thomas Manns zieht. Gerade auch in dieser Textstelle wird die Verbindung von Genialität und Kriminalität deutlich, die Egozentrik ohne Liebe zum menschlichen Gegenüber, die für Thomas Mann die zuweilen problematische Existenz des Künstlers ausmacht.

7 Der Erzähler

Textgrundlage

In seinem Aufsatz „Führerwille und Massenstimmung: *Mario und der Zauberer*“ (in: Volkmar Hansen (Hrsg.): *Thomas Mann. Romane und Erzählungen.* Interpretationen. Stuttgart: Reclam 1993. S. 151–185) schreibt Helmut Koopmann:

> „Nicht weil der Erzähler Ausländer ist, bleibt er frei von den Bedrückungen des Zauberabends, sondern weil er Intellektueller ist und den faulen Zauber durchschaut, bei aller Bewunderung für das Erreichte, und seine kühle Distanz niemals aufgibt“ (173).

Aufgabenstellung

Erörtern Sie Koopmanns Sichtweise des Erzählers in Thomas Manns Novelle auf dem Hintergrund Ihrer eigenen Deutung.

Lösung

(Die Bearbeitung ist abhängig von der Deutung der Erzählerfigur und ihrer Entwicklung in der gesamten Novelle, so dass sich unterschiedliche, gleichwohl jeweils nachvollziehbare Ansätze ergeben werden.)

Mögliche Gründe, die für Koopmanns Deutung sprechen könnten:
- Der Erzähler zeichnet sich von Anfang an durch seine scharfe Beobachtungsgabe, seine Reflexionsfähigkeit und seinen Wunsch nach Erkenntnis und Verstehen aus; seine Ironisierungen sprechen für seine Möglichkeit zur Distanzierung.
- Der Erzähler wirkt selbstbewusst; er vermag sein Missbehagen an seiner persönlichen Situation als Symbol für eine Bedrohung durch eine öffentliche Stimmung zu sehen.
- Seine Kommentare zielen auf die Bloßstellung Cipollas und seines ambivalenten Charakters sowie der durch die faschistische Ideologie erzeugten Atmosphäre in Torre di Venere allgemein.
- Begreift man den Erzähler als Alter ego des Autors Thomas Mann (bedingt auch durch die authentischen biografischen Parallelen) und also ebenfalls als Künstler, so könnte man in seiner Haltung eine Distanzierung von dem ‚falschen‘, seelenlosen und unmenschlichen Künstlertum Cipollas sehen, von dem sich der Autor selbst immer wieder abzusetzen versuchte.

Mögliche Gründe, die gegen Koopmanns Deutung sprechen könnten:

- Die Rolle des Erzählers als unberührter, distanzierter Beobachter ist von Anfang an nicht stabil: Seine detaillierten Beobachtungen – sowohl am Strand als auch in der Vorstellung – zeugen von innerer Beteiligung, münden aber nicht in aktive und vor allem konsequente Verhaltensweisen.
- Immer wieder spricht der Erzähler von seinem Bewusstsein, den Kindern gegenüber eine Verantwortung zu haben; diese reicht aber nicht aus, seine Neugier und Faszination zu überwinden. Sein Bleiben in der Vorstellung ist mehr als der Wunsch, einen anderen Künstler beim Auftritt zu beobachten, vielmehr grenzt es an seine ganz persönliche Willensaufgabe, er ‚macht mit'.
- Sein wachsender Distanzverlust zeigt sich an Details: So ahmt er das Geräusch der Peitsche Cipollas nach; sein Erzählverhalten ändert sich (selbst in der Rückschau), wird unchronologisch, sprachlich emotionaler.
- Der Erzähler merkt zwar, dass es bei der Vorstellung nicht um Zauberei, sondern um Hypnose geht, Cipolla also eine Art Hochstapler ist. Aber es ist nicht die Rede davon, dass er dies für „faulen Zauber" hielte, den er durchschauen würde. Seine Beschreibungen – so spricht er vom „unentwirrbaren Charakter des Okkulten" (106), „natürlich-unheimliche[m] Feld" (112), „konfuse[m] Vorgang" (114), von „dämonische[n] Mächte[n]" (116) – zeugen eher von seiner Unfähigkeit, die Geschehnisse zu durchschauen.
- Die Tatsache, dass der Erzähler Marios Tat als „befreiendes Ende" (127) empfindet, deutet darauf hin, dass er erst hier seine Autonomie und Distanz zurückgewinnt.

8 Bruder Cipolla?

Textgrundlage

Auszug aus Thomas Manns Essay „Bruder Hitler“ (1939):

„[...] Ein Bruder ... Ein etwas unangenehmer und beschämender Bruder; er geht einem auf die Nerven, es ist eine reichlich peinliche Verwandtschaft. Ich will trotzdem die Augen nicht davor schließen, denn nochmals: besser, aufrichtiger, heiterer und produktiver als der Haß ist das Sich-wieder-Erkennen, die Bereitschaft zur Selbstvereinigung mit dem Hassenswerten, möge sie auch die moralische Gefahr mit sich bringen, das Neinsagen zu verlernen. Mir ist nicht bange deswegen, – und übrigens ist Moral, sofern sie die Spontaneität und Unschuld des Lebens beeinträchtigt, nicht unbedingt Sache des Künstlers. Es ist nicht ausschließlich ärgerlich, es ist auch eine beruhigende Erfahrung, daß trotz aller Erkenntnis, Aufklärung, Analyse, allen Fortschritten des Wissens vom Menschen – an Wirkung, Geschehen, eindrucksvollster Projektion des Unbewußten in die Realität jederzeit alles möglich bleibt auf Erden – zumal bei dem Primitivierungsprozeß, dem das Europa von heute sich wissentlich, willentlich überläßt, – wobei denn freilich das Wissen und Wollen, der dolose Affront gegen den Geist und die von ihm eigentlich erreichte Stufe einen schweren Einwand gegen die Primitivität bildet. Unstreitig, Primitivismus in seiner frechen Selbstverherrlichung gegen Zeit und Gesittungsstufe, Primitivität als ‚Weltanschauung' – und sei diese Weltanschauung noch so sehr als Korrektur und Gegengewicht eines dörrenden ‚Intellektualismus' gemeint – ist eine Schamlosigkeit, sie ist genau, was das Alte Testament ein „Greuel" und eine „Narrheit" nennt, und auch der Künstler als ironischer Parteigänger des Lebens kann sich von so einem dreisten und lügenhaften Rückfall nur angewidert abwenden. Neulich sah ich im Film einen Sakraltanz von Bali-Insulanern, der in vollkommener Trance und schrecklichen Zuckungen der erschöpften Jünglinge endete. Wo ist der Unterschied zwischen diesen Bräuchen und den Vorgängen in einer politischen Massenversammlung Europas? Es gibt keinen – oder vielmehr, es gibt immerhin einen: den Unterschied zwischen Exotik und Unappetitlichkeit [...]".
(zitiert nach: Karl Pörnbacher: *Thomas Mann: Mario und der Zauberer.* Erläuterungen und Dokumente. Stuttgart: Reclam 1996. S. 72 f.)

Aufgabenstellung

1. Analysieren Sie den Text inhaltlich und sprachlich.
2. Überprüfen Sie anschließend die Aussage, Thomas Mann habe in seiner Novelle *Mario und der Zauberer* bereits 1929 das Phänomen Hitler und die Stimmung im nationalsozialistischen Deutschland literarisch vorweggenommen.

Lösung

Zu 1.
Schon die einleitenden Sätze (Aufnahme des Titels) weisen auf die Eigenart der Position Thomas Manns hin. Er betrachtet das Phänomen Hitler nicht als Außenstehender, sondern als Miterlebender, fast Vertrauter, der gleichzeitig fasziniert und abgestoßen ist, der interessiert beobachtet und leidenschaftlich ablehnt. Dies wird deutlich in einer Reihe von kontrastierenden und relativierenden Formulierungen, die die Selbstreflexion des Autors widerspiegeln (z. B. „Haß" – „Sich-wieder-Erkennen", „Bereitschaft zur Selbstvereinigung"; „ärgerlich" – „beruhigend").
Diese von scheinbaren Widersprüchlichkeiten gekennzeichnete persönliche Position dehnt der Autor im Folgenden auf historisch-gesellschaftliche Entwicklungen aus: Einer (durch eine Reihung ähnlicher Begriffe charakterisierten) immer weitergehenden Entwicklung des Bewusstseins steht eine (ebenfalls mit mehreren Begriffen beschriebene) wachsende ‚Geistlosigkeit', Primitivität gegenüber.
In der Verurteilung einer bestimmten Form des „Primitivismus" – als Rücknahme von bereits erreichten Bewusstseinsstufen und Werten und als Werkzeug zur politischen Verführbarkeit der Massen – zeigt sich Thomas Manns harsche Zeitkritik zum ersten Mal deutlich. Dies illustriert der Autor mit einem eindrucksvollen Beispiel (Sakraltanz der Bali-Insulaner).

Zu 2.
Beim Bezug zur Novelle können Parallelen auf verschiedenen Ebenen gezogen werden:
- Die Eigenart der Mann'schen Position im Essay ist in der Novelle durchgängig in der Figur des Erzählers reflektiert: Faszination und Abscheu, Ambivalenz der Haltung.
- Aspekte der Figur Cipollas entsprechen der Charakterisierung Hitlers und seiner Wirkung auf die Massen: Selbstherrlichkeit, Rhetorik im Dienste der Manipulation, Aufhebung der Rationalität zu Gunsten einer primitiven Emotionalität.
- Die von Thomas Mann im Essay angesprochene „Unappetitlichkeit" politischer Massenversammlungen findet sich im Verhalten des Publikums gegen Ende von Cipollas Vorstellung: völlige Aufgabe der Individualität, Verzicht auf Selbstbestimmung, Bereitschaft sich (ver-)führen zu lassen.

Stichwortverzeichnis

Mario und der Zauberer

Tonio Kröger